Hüter der Erde

Begegnungen mit Indianern Nordamerikas

VON HARVEY ARDEN
UND STEVE WALL

AUS DEM AMERIKANISCHEN
VON URSULA WOLF

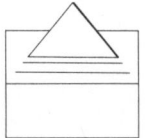

FREDERKING & THALER

Die Deutsche Bibliothek – CIP-Einheitsaufnahme
Hüter der Erde: Begegnungen mit Indianern Nordamerikas /
⟨Steve Wall und Harvey Arden⟩. Aus dem Amerik. von Ursula
Wolf. –
München: Frederking & Thaler, 1992
 Einheitssacht.: Wisdomkeepers ⟨dt.⟩
 ISBN 3-89405-307-0
NE: Wall, Steve und Arden, Harvey; Wolf, Ursula ⟨Übers.⟩;
EST

© 1990 by Steve Wall and Harvey Arden
Erschienen bei Beyond Words Publishing, Inc., Hillsboro,
Oregon in: The Earthsong Collection
Originaltitel: Wisdomkeepers
© 1992 für die deutschsprachige Ausgabe
Frederking & Thaler, München
2. Auflage
Alle Rechte vorbehalten
Herausgegeben von Monika Thaler
Lektorat: Claus Biegert
Übersetzung: Ursula Wolf
Herstellung: Karin Büchner, München
Fotosatz: Uhl + Massopust GmbH, Aalen
Druck und Bindung: Mohndruck, Gütersloh
Gedruckt auf Recycling-Papier
ISBN 3-89405-307-0

INHALT

ANMERKUNG DES HERAUSGEBERS

Heute müssen die amerikanischen Urbewohner oft die englische Sprache benutzen, wenn sie ihr Wissen und ihre Weisheit anderen vermitteln wollen. Das ist nicht einfach. Eine der größten Schwierigkeiten bei der Übersetzung indianischer Sprachen liegt darin, die Vorstellung der Indianer von der Kraft im Kern des Seins zu verstehen. ✱ Wenn die Irokesen von *Sakoiatisan*, die Lakota von *Wakan Tanka*, die Hopi von *Taiowa* und die Ojibway von *Kitche Manitou* sprechen, benennen sie damit eine unbegreifliche Totalität, die immer war und immer sein wird und die alles Sein umfaßt. Der Onondaga-Häuptling Oren Lyons formuliert das einfach und klar, wenn er sagt, daß alle Dinge gleich sind, weil alle Dinge Teil des Ganzen sind. ✱ Die heute üblichen Begriffe *Gott*, *Schöpfer* und *Großer Geist* sind keine adäquaten Bezeichnungen für *Sakoiatisan*, *Wakan Tanka*, *Taiowa* und *Kitche Manitou*. Der Begriff *Gott* weckt die Vorstellung von einem menschenähnlichen Wesen, das außerhalb von Mensch und Natur existiert. Der Begriff *Schöpfer*, der ebenso wie *Gott* dem Kern des Seins ein männliches Geschlecht zuordnet, berücksichtigt nicht, daß es mehrere Schöpfer gab – wie etwa *Sotuknang* bei den Hopi –,

Geistwesen, die Welten und andere Lebensformen erschaffen und männlich oder weiblich sein konnten.[1] *Taiowa* und *Wakan Tanka* sind keine männlichen Gottheiten. Diese Namen bezeichnen die Summe aller Dinge, allen Seins. Auch der Begriff *Geist, Großer Geist* ist dafür zu eng, versucht er doch, etwas zu definieren und einzugrenzen, was unbegreiflich und unbegrenzt ist. ❋ Wenn die Hüter und Hüterinnen der Weisheit die Begriffe *Gott, Schöpfer* und *Großer Geist* benutzen, so wollen sie damit die Vorstellung von einem Sein vermitteln, in dem alle Dinge miteinander verbunden und gleichwertige Teile des Ganzen sind: in dem wir Regentropfen gleichen, die eines Tages zum Meer zurückkehren werden, in dem wir Kerzen sind, angezündet vom Feuer der Sonne und immer Teil von ihr. ❋ Die Nationen der Vierbeiner, der Geflügelten und der auf dem Boden Kriechenden, die Nationen der Bäume und aller Pflanzen und die, die bei den Sternen wohnen, kommen alle, so die Hüter der Weisheit, von diesem Großen Heiligen Geheimnis und sind für immer ein Teil von ihm.

White Deer of Autumn

---

[1] *Die Fußnoten stehen auf Seite 127 und 128.*

Präambel

Denkt nicht immer nur an euch selbst,
o Häuptlinge,
auch nicht nur an eure eigene Generation.
Denkt an die vielen folgenden
Generationen unserer Familien,
denkt an unsere Enkel
und die noch Ungeborenen,
deren Gesichter von unter
dem Erdboden her kommen.

Peacemaker
Gründer der Irokesen-Föderation
ca. 1450 u. Z.

Vorwort

Abseits der Autobahnen, fern von Stromleitungen und Einkaufszentren, ein Stück die namenlose Seitenstraße hinauf, liegt das Land der Hüter der Weisheit. Sie, die Ältesten,[2] die Alten, die Großmütter und Großväter, werden von ihren Nationen als geistige Schatzkammern des traditionellen indianischen Amerika verehrt – als Hüter uralter Lebensweisen und jahrtausendealten heiligen Wissens. Sie bewahren dieses Wissen, doch sie konservieren es nicht – sie leben es. ✳ Wir wußten wenig über solche Dinge, als Ende 1981 der Mann, den wir jetzt *Gatekeeper* (Pförtner) nennen, an uns herantrat. Wir waren im westlichen North Carolina und recherchierten für einen Artikel. Eines Nachmittags unterhielten wir uns mit einem Landbesitzer auf seiner Pferdeweide. Wir fragten ihn beiläufig, ob er irgendwelche interessanten »Typen« für den Artikel kenne, und er nannte einen Indianer, einen Cherokee-Medizinmann – den würden wir vermutlich interessant finden, meinte er. Noch während er sprach, hielt vor uns ein zerbeulter blauer Kleinlaster, und aus einer Staubwolke heraus näherte sich ein Indianer, schwang sich über den Stacheldrahtzaun und streckte grüßend die Hand aus. Es war der genannte Medizinmann. ✳ Anfangs schien trotz seines Lächelns und seiner zwanglosen Art etwas vage Drohendes von ihm auszugehen. Sein Lächeln verschwand oft von einem Augenblick zum anderen und machte dann einem halb zornigen, halb traurigen Ausdruck Platz. Es wurde wenig gesprochen bei diesem ersten Treffen. Wir merkten, daß wir seinen Augen auswichen. Als wir uns verabschiedeten, rechneten wir nicht damit, ihn wiederzusehen. Doch wohin wir auch gingen an den folgenden Tagen – er schien immer schon da zu sein oder kurz nach uns zu kommen, immer freundlich, immer zu einem Gespräch aufgelegt. Es war fast unheimlich, doch nach und nach überwanden wir unsere Hemmungen und Unsicherheit. Eines war klar: Dieser Mann war nicht auf Konversation aus. Etwas beschäftigte ihn – und auf irgendeine unergründliche Weise hatten ausgerechnet wir zwei weißen Journalisten etwas damit zu tun. Schließlich kam heraus, was ihn bedrückte. ✳ Er war ein Medizinmann der »mittleren Stufe«, in erster Linie ein Kräuterheiler. Zwei berühmte Medizinmänner waren seine Lehrer gewesen: der Cherokee Amonyeeta Wolf Sequoyah und der Seminole Josie Billie. Beide waren innerhalb der letzten Monate gestorben. Amonyeeta hatte ihm unmittelbar zuvor angeboten, all sein Wissen an ihn weiterzugeben, doch er, *Gatekeeper*, hatte sich dem nicht gewachsen gefühlt und abgelehnt. Als Amonyeeta dann unerwartet starb, wurde *Gatekeeper* von Reue überwältigt. Als eine Art Buße wollte er auf eine spirituelle Reise zu den Großvätern und Großmüttern anderer indianischer Nationen gehen.

»Die Großväter sterben aus«, sagte er, »und die alte Lebensweise stirbt mit ihnen. Jemand muß zu ihnen gehen, ihre Worte aufschreiben, sie fotografieren. Sonst wird alles verloren sein.

Ich bin kein Fotograf oder Schriftsteller. Ich glaube, ihr zwei seid dazu bestimmt, das zu tun.« ✳ So wurde die Idee unserer Reise auf der Suche nach den Hütern der Weisheit geboren. Anfangs dachten wir, der Cherokee würde unser Führer in dieses geheimnisvolle Labyrinth sein, doch wir irrten uns. Er müsse allein auf seine spirituelle Reise gehen, sagte er, und seinem eigenen Weg folgen. Für uns sei er nur der *Gatekeeper*, der die Tür öffnet und den Weg zeigt. Es läge nun an uns, diesem – unserem – Weg zu folgen. ✳ Unsere Odyssee, die damals begann, ist bis heute nicht zu Ende. Fast zehn Jahre sind wir jetzt unterwegs, und wir haben die spirituellen Führer und Stammesältesten vieler indianischer Nationen aufgesucht: Lakota, Irokesen, Seminolen, Ojibway, Hopi, Ute, Pawnee, Shinnecock, Hoh, Lumbee und andere. Wir trafen sie auf ihrem angestammten Land, betraten ihr Heim und ihr Leben und erkannten den unermeßlichen Reichtum ihrer Freundschaft. Wir kamen nicht als »Indianerexperten« – und gerade das erwies sich als Vorzug. Wären wir zum Beispiel Ethnologen oder Soziologen gewesen, hätte man uns vermutlich des öfteren recht unsanft vor die Tür gesetzt. Wir fragten nicht nach »Geheimnissen«, sondern nur nach dem, was sie uns wissen lassen wollten; und was sie uns wissen ließen, war weit mehr, als wir erwartet hatten. Sie zeigten uns ihre innersten Gedanken und Gefühle, ihre Träume und Visionen, ihre Heilmittel und apokalyptischen Prophezeiungen und, vor allem, ihre Menschlichkeit. ✳ Wir lernten, daß Weise nicht unbedingt »alt« sind. Mehrere der anerkannten spirituellen oder politischen Führer sind erst in ihren Vierzigern oder Fünfzigern. Andere, noch jüngere, folgen ihnen. Wir lernten, daß sich unser Cherokee *Gatekeeper* in einem geirrt hatte: Die Großväter und Großmütter sterben, das ist unvermeidlich, aber sie sterben mit Sicherheit *nicht aus*. Wie uns Eddie Benton-Banai sagte: »Die Großväter und Großmütter sind in den Kindern!« ✳ Wir haben uns verändert. Wir zogen los als Journalisten auf der Jagd nach einer guten Geschichte. Wir kamen zurück als »Kuriere« von einer anderen Welt mit einer dringenden Botschaft. ✳ Dieses Buch ist die Botschaft.

Steve Wall
Harvey Arden

CHARLIE KNIGHT ✼ Ute

Der Ute-Medizinmann Charlie Knight sitzt an der offenen Tür seines leuchtendblauen Kleinlasters und mustert die zwei Fremden, deren staubbedeckter Mietwagen gerade bei seinem Aluminium-Wohnwagen vorgefahren ist. Der Wohnwagen steht am Fuß eines niedrigen rostroten Tafelbergs inmitten einer Steinwüste, die sich wie ein riesiges Amphitheater bis zum Horizont ausdehnt. Nur vereinzelt ragen bizarre Felspfeiler empor. ✼ Wir sind auf dem Hochplateau des südwestlichen Colorado. Im Westen erstreckt sich der langgezogene *Sleeping Ute Mountain* unter dem vielfarbigen Spätnachmittagshimmel. Einst, so sagt die Legende, waren alle Ute Riesen. Ein Jagdtrupp dieser Ute-Riesen ließ einen der ihren zurück, um bis zu ihrer Rückkehr über das Land zu wachen. Jahrhunderte gingen vorüber, und schließlich schlief der Wachposten ein. Darüber wurde der Schöpfer zornig, und er ließ alle Ute auf normale Menschengröße schrumpfen – mit Ausnahme des schlafenden Wachpostens, der in einen Berg verwandelt wurde, um für alle Zeiten das Land zu beschützen. Man sagt, daß sich der riesige schlafende Ute eines Tages von der Erde erheben und seinem Volk in einer Zeit großer Gefahr zu Hilfe kommen wird. ✼ Nicht viele weiße Männer verschlägt es zu Charlies Lagerplatz. Die zweispurige Asphaltstraße geht in etwa einer Meile Entfernung vorbei, und man verpaßt leicht die überwucherte Fahrspur, die bei einem durchhängenden Stacheldrahtzaun abzweigt, ein Dutzend Meilen südlich von Cortez, der nächsten Stadt. Die kleine Ute-Gemeinde Towaoc ist ein paar Meilen entfernt. Drei Hunde kündigen heulend

unsere Ankunft an und verkriechen sich mit aufgestellten Nackenhaaren hinter dem Laster, unschlüssig, wie sie auf diese zwei ungewöhnlichen Besucher reagieren sollen. ✳ »Wann geht ihr wieder?« sind Charlies erste Worte. Er lächelt kaum merklich, die Augen hinter einer dunklen Sonnenbrille verborgen. ✳ Wir erklären, warum wir gekommen sind: Wir würden gern ein paar Stunden, Tage, ja Wochen mit ihm zusammensein, um seine Worte aufzuschreiben, ein paar Fotos zu machen und jede Botschaft, die er gerne weitergeben würde, der Außenwelt zu übermitteln. Charlie schnaubt und schüttelt den Kopf. »Wann, habt ihr gesagt, geht ihr?« ✳ Wir sind nicht gekränkt. Seine Worte klingen nicht böse. Aus seiner tiefen, gutturalen Stimme ist sogar eine gewisse rauhe und ungekünstelte Freundlichkeit herauszuhören. Er spricht langsam, hat Mühe mit dem ungewohnten Englisch. »Woher habt ihr gewußt, wo ihr Charlie findet?« ✳ Ein Cheyenne-Sioux in Nordkalifornien, Bob White, hatte uns seinen Namen genannt, als den eines hochrangigen Medizinmanns, und seine Tochter Judy in Towaoc hat uns den Weg zu seinem Wohnwagen und Schafpferch beschrieben. ✳ Beim Wort »Medizinmann« zuckt Charlie zusammen. »Er sagt, ich bin ein Medizinmann? Woher weiß er das? Charlie ist kein Medizinmann. Charlie macht ein bißchen Medizin, das ist alles. Vielleicht seid ihr beim falschen Charlie. Ja, genau – ihr habt den falschen Charlie erwischt!« Er lacht laut auf, sein Scherz gefällt ihm. ✳ »Ihr geht jetzt lieber, ihr zwei. Charlie muß morgen früh aufstehen. Muß einen wilden Stier oben am Berg einfangen. Das bin ich, Wilder-Stier-Charlie – nicht Medizinmann Charlie! Ihr Leute seid beim falschen Charlie!« ✳ Plötzlich ist er wieder todernst. Er betrachtet uns aufmerksam durch die Sonnenbrille. »Vielleicht kommt ihr wieder«, sagt er, »aber jetzt geht lieber. Nicht gut, wenn zwei Leute wie ihr hier im Dunkeln rumlaufen. Es kann was passieren nachts. *Stockleute* könnten da draußen sein.« Er grinst. »Ihr habt den falschen Charlie erwischt!« schallt es hinter uns her, als wir abfahren.

Ein paar Tage lang bleiben wir in der Gegend, fangen mit Charlie und seinem Sohn Big Jim an den Hängen des Sleeping Ute Mountain wilde Stiere ein und bringen sie dann zur Viehauktion in Cortez. Nach der Auktion lädt uns Charlie für den nächsten Tag ins Haus seiner Tochter Judy ein. »Vielleicht reden wir ein bißchen«, sagt er. ✳ Am nächsten Tag – Charlie ist

noch nicht da – reden wir mit Judy. »Nach den Unterlagen des BIA«,[3] sagt sie, »wurde mein Dad am 1. Januar 1909 geboren. Doch dieses Datum haben sie, bei einer Zählung, einer Menge alter Leute verpaßt. Mein Dad sagt, einige der anderen mit dem gleichen Geburtsdatum seien noch Babys gewesen, als er ein Junge war. Er ist wahrscheinlich 85 – vielleicht ein paar Jahre älter.« Sie erzählt, daß vor ein paar Monaten ein hochgeachteter alter Mann, den sie einfach »Großvater« nennt, gestorben ist. »Er war mehr als ein Medizinmann. Großvater konnte außergewöhnliche Dinge tun. Er konnte beim Sonnentanz[4] aus einem Stück Holz Tränen heraustreten lassen. Es heißt, nach seinem Tod sei seine Macht auf meinen Dad übergegangen. Mein Dad kann auch wundervolle Dinge tun.« ✱ Charlie kommt, nickt uns flüchtig zu und setzt sich in einen Lehnstuhl. Langes Schweigen. Dann sagt er auf Ute etwas zu Judy, und sie bringt ihm einen kleinen Kassettenrecorder.

CHARLIES LIED

»Charlie wird euch sein Lied vorspielen«, sagt er. Aus seiner Hemdentasche holt er eine abgegriffene Kassette und schiebt sie in den Recorder. Er schaut uns an, scheint noch unschlüssig zu sein, doch schließlich nickt er, brummt etwas und drückt den »Play«-Knopf. Durch das Kratzen und Pfeifen des Bandgeräusches dringt der halbgedämpfte Ton einer hoch gestimmten Trommel, zu deren gleichmäßigem Rhythmus eine Männerstimme singt: »Hey-uh... Hey-uh... Hey-uh-uh-uh-uh!« »Das bin ich, der da singt«, sagt Charlie. »Die Wassertrommel spiele auch ich.« Seine Finger klopfen auf den Plastikdeckel des Kassettenrecorders. Ein unbestimmter Ton dringt aus seiner Kehle, so als ob er innerlich mitsingen würde. »Hey-uh«, klingt es vom Band, »Hey-uh... Hey-uh-uh-uh-uh!« ✳ Nach ein paar Minuten stellt er das Gerät ab. »Jetzt kennt ihr Charlie«, sagt er.

»Wenn ihr mein Lied kennt, kennt ihr Charlie. Jeder hat ein Lied. Gott gibt allen von uns ein Lied. So wissen wir, wer wir sind. Unser Lied sagt uns, wer wir sind.

Und es gibt andere Lieder, verschiedene Lieder für verschiedene Dinge — zum Tanzen, zum Singen, zum Heilen. Für jede Krankheit braucht es ein anderes Lied. Für jedes Lied stimmt man die Wassertrommel anders. Kleine Person in dir sagt dir, welches Lied du singen sollst. Kleine Person kommt von Gott, bringt Charlie die Lieder bei, die er kennt. Du mußt die kleine Person hören, um die Lieder zu lernen.« ✳ Seine Finger klopfen weiter auf den Deckel des Kassettenrecorders, während er spricht. »Als Charlie ein Junge war, ging er auf den Sleeping Ute Mountain, um zu beten und Gott um ein Lied zu bitten. Charly stieg lange bergauf, er wurde müde und legte sich schlafen. Dann kommt Gott in Charlies Traum. Er singt Charlies Lied. Als Charlie aufwacht, erinnert er sich an das Lied. Kleine Person hilft ihm, sich zu erinnern. Kleine Person bleibt in Charlie. Immer hier. Auch jetzt.« Er klopft sich auf die Brust. »Hier drinnen.« ✳ Charlie steht auf und geht zum Kamin. Er entzündet ein Streichholz und wirft es in eine Pfanne, die Judy gerade auf die glühenden Scheite gesetzt hatte. Sofort liegt ein süßlich-herber Geruch in der Luft. »Thuja«, sagt Judy. »Das reinigt das Haus von unerwünschten Geistern.« ✳ Charlie steht vor dem Feuer und betet einige

Minuten lang laut auf Ute. Dann dreht er sich zu uns und sagt: »Rauch hält die *Stockleute* fern. Ich glaube, sie suchen euch zwei. Gestern nacht haben wir sie gesehen, direkt da draußen hinter dem Haus, wie große, auf den Hinterbeinen gehende Hunde. So« – er hebt die Arme und geht steifbeinig wie ein merkwürdiges Tier herum, umkreist uns, als würde er sich an Beute anschleichen. Dann lacht er, setzt sich wieder und gähnt. ✳ »Wann geht ihr?« fragt er abrupt. »Charlie ist jetzt müde. Wenn ihr wollt, kommt morgen zum Camp. Vielleicht wird Charlie euch noch ein paar Dinge erzählen.« ✳ Wir stehen auf. Er betrachtet uns eingehend. »Paßt auf die *Stockleute* auf«, warnt er uns. »Jetzt sind sie weg, aber sie kommen wieder.« Sein rätselhaftes Lachen folgt uns auf dem Weg nach draußen. Es ist fast dunkel. In der Ferne verschwindet der Sleeping Ute Mountain langsam in violettem Schatten. Nicht wenig beunruhigt fahren wir zu unserem Motel in Cortez zurück, versunken in düstere Phantasien von den »Stockleuten«.

Am nächsten Morgen treffen wir Charlie in seinem Wohnwagen. »In den alten Tagen hatten wir ein Zelt, keinen Wohnwagen«, sagt er. »Charlie wurde in einem Zelt geboren. Judy und Big Jim auch. Wir benutzen immer noch ein Zelt oben auf dem Berg.« ✳ In dem winzigen Wohnwagen ist nur für das Nötigste Platz: Schlafkoje, Kocher, Waschbecken, ein kleiner Kühlschrank. Ein halbes Dutzend Cowboyhüte stapelt sich auf einem Regal über der Schlafkoje. Charlie holt einen davon herunter und setzt ihn auf. »Der ist zum Feinmachen«, sagt er. »Macht Charlie hübsch. Vielleicht haltet ihr Charlie für häßlich. Keine Zähne, keine Haare, kein Kinn. Aber den Mädchen macht das nix aus. Sie sehen den hübschen Hut und denken, Charlie ist auch hübsch!« Er lacht. »Charlie wird euch jetzt eine Geschichte erzählen.«

EINE VISION

»Als Charlie 32 oder 33 war, bekam er sein Lied zum Heilen. Charlie lag auf dem Rücken mit geöffneten Händen auf dem Boden. In der Vision kam der Schöpfer, wie ein großes Licht. Licht geht von ihm aus, und rings um ihn sind Engel, alle aus Licht. Der Schöpfer kam und berührte mich hier an den Händen, dann lehrte er Charlie sein Lied zum Heilen. Er lehrte mich zu heilen. Er zeigte mir, wie ich mit der Adlerfeder die kranke Stelle in einer Person finden kann. Er sagte zu mir: ›Sing dieses Lied, dann mach ein Feuer. Nimm ein Stück Glut in die Hände. Sie wird dir nicht die Hand verbrennen, wenn du auf die richtige Weise betest. Dann laß die Hitze aus der Glut in deine Hände übergehen, und reibe den Körper der Person an der kranken Stelle. Stecke deine Hände in Wasser, und mach es noch mal. Mach es siebenmal. Die Krankheit wird verschwinden, wenn es der Schöpfer will.‹«

DEN RICHTIGEN WEG FINDEN

»Jeder muß den richtigen Weg finden. Du kannst ihn nicht sehen, deshalb ist er schwer zu finden. Keiner kann ihn dir zeigen. Jede Person muß den Weg alleine finden.

Wenn du ihn findest, führt er dich vielleicht zum Schöpfer. Aber wenn du den falschen Weg gehst, kommst du vielleicht zu den *Stockleuten*! Sie warten da draußen auf dich, soviel ist sicher. Ihr geht jetzt besser. Ich habe eine Warnung bekommen. Es könnte jemandem was passieren, wenn ihr bleibt. Wann geht ihr?« ✼ Sein Ton ist unmißverständlich. Er will, daß wir gehen. Wir danken ihm, stehen auf und gehen zur Tür. »Wartet einen Moment«, sagt er. »Charlie macht ein wenig gute Medizin für euch. Bleibt hier stehen.« Von irgendwoher hat er eine Adlerfeder hervorgeholt. Er hält die Feder am Kiel und streicht damit langsam an unserem Körper hin und her, von der Rückseite der Beine bis zum Kopf, dann zurück zu den Füßen. »Guter Segen«, sagt er. »Hilft euch, den richtigen Weg zu finden. Vielleicht kommt ihr ein andermal wieder. Charlie wird euch dann ein wenig mehr erzählen. Jetzt ist es die falsche Zeit. Später werden die *Stockleute* weggehen, dann könnt ihr wiederkommen. Dann wird es sicher sein. Vergeßt es nicht. Folgt dem richtigen Weg, und kommt auf ihm hierher zurück. Charlie wird warten.«

FRANK FOOLS CROW * Lakota

Es ist der 27. Februar 1983, und wir sind, zusammen mit mehreren hundert Menschen, in Wounded Knee, um der »Besetzung« zu gedenken, die sich heute zum zehnten Mal jährt: 1973 hatten traditionelle Lakota der Pine Ridge Reservation und Aktivisten des *American Indian Movement*[5] den kleinen Ort besetzt und einer 73tägigen Belagerung durch Armee und Polizei standgehalten. Zwei Indianer wurden während der Besetzung erschossen, und am Ende kamen viele *AIM*-Organisatoren ins Gefängnis oder tauchten unter. Daß der Kampf, bewußt, hier in Wounded Knee stattfand, wo 1890 die US-Truppen 250 Lakota – Männer, Frauen und Kinder – massakriert hatten, machte den Ort doppelt tragisch, doppelt heilig. Jetzt, zehn Jahre nach der Besetzung, waren die Besucher in einem Sternmarsch aus den Vier Himmelsrichtungen nach Wounded Knee gezogen und bei dem verlassenen Friedhof auf dem Hügelkamm zusammengekommen, um der 1890 und 1973 Getöteten zu gedenken. * E-e-e-e-e-ip! E-e-e-e-e-ip! E-e-e-e-e-ip! E-e-e-e-e-ip! Viermal wird die aus dem Flügelknochen eines Adlers gefertigte Flöte geblasen, in jede der heiligen Vier Himmelsrichtungen. Der schrille Pfeifton steigt auf in den leeren, eisblauen Himmel von South

Dakota, und die schweigende Menge drängt sich Schulter an Schulter zusammen, den Kopf im Gebet gebeugt. Heftige Windböen treiben den scharfriechenden Rauch von sengendem Salbei vor sich her. Immer wieder durchschneidet der Ton der Adlerflöte die Luft und wird vom Wind über die weite, kahle Ebene getragen, die in der Ferne von einem Ring niedriger Berge begrenzt wird. ✳ Die Augen der Versammelten richten sich jetzt auf den 93jährigen spirituellen Führer Frank Fools Crow, der seine rauchende Pfeife hochhebt – die heilige Pfeife, die jene Pfeife repräsentiert, die den Lakota einst von der Weißen-Büffelkalb-Frau[6] gebracht worden war. Fools Crow zeigt mit dem Mundstück der Pfeife zuerst in jede der Vier Himmelsrichtungen, dann nach unten zur Erde, dann nach oben zum Himmel. Er betet auf Lakota, erfleht vom Schöpfer ein Zeichen – Das Zeichen –, daß Er sie immer noch hört, daß Er immer noch an seine indianischen Kinder denkt und sie liebt. Das dumpfe Heulen des Windes über unseren Köpfen klingt wie ein ferner Chor gedämpfter Stimmen, so als ob die immer noch anwesenden Geister im Friedhof von Wounded Knee in das gemeinsame Gebet einstimmen wollten. ✳ Nach Fools Crows bewegenden Worten beginnen einige der Anwesenden zur Trommel zu singen. Nur wenige Augenblicke später geht ein Raunen durch die Menge. Köpfe beugen sich zurück, Finger deuten zum Himmel. Das Singen hört unvermittelt auf. »Schaut! Schaut zum Himmel!« ruft jemand. Wir blicken hoch

wie die anderen, und dort, vielleicht 300 Meter über uns, kreist mit ausgebreiteten Flügeln, allein in dieser gewaltigen blauen Kuppel des Himmels – ein Adler! »Jetzt seht ihr die Macht von Wounded Knee!« ruft eine Stimme. ✳ Volle zehn Minuten lang schwebt der große Vogel, Zeuge des Schöpfers, über den heiligen Hügeln von Wounded Knee. Dann fliegt er plötzlich davon und ist schon kurz darauf nicht mehr zu sehen. Und die Alten danken dem Schöpfer, daß Er den Indianern, wie so oft zuvor, das Zeichen Seiner Macht und Liebe und Anerkennung geschickt hat.

AUDREY SHENANDOAH * Onondaga

Bei der internationalen Konferenz »*Global Forum on Environment and Development for Survival*« im Januar 1990 in Moskau hielt die Onondaga-Clanmutter Audrey Shenandoah eine programmatische Rede, die wir hier in Auszügen wiedergeben:

Zuerst will ich danken für einen weiteren Tag des Lebens hier auf dieser Erde, einen weiteren Tag, an dem wir die mitfühlende Güte unseres Schöpfers genießen können. Ich will, wie wir das bei meinem Volk immer tun, die Konferenz mit Worten der Würdigung, des Respekts und des Dankes für unsere Mitmenschen beginnen. Wir lassen unsere Gedanken zusammenkommen, damit wir eines Sinnes sind. Wir richten unsere Worte an unsere Mutter Erde, die alles Leben nährt. Wir wenden uns den kürzesten Gräsern dicht am Busen unserer Mutter Erde zu; wir denken mit Dankbarkeit und Respekt an alles Pflanzenleben, die Wälder, alle Wasser der Erde, die Fische, die Tiere auf dem Land, die Vögel und die Vier Winde. Einmütig richten wir unsere Würdigung, Respekt und Dank nach oben zur Welt des Himmels: zur Großmutter Mond, die eine direkte Beziehung zu allen weiblichen Lebewesen hat, zur Sonne und den Sternen und zu unseren Geistwesen der Himmels-Welt. Sie folgen immer noch den ursprünglichen Weisungen in diesem großen Kreis des Lebens.

Einmütig erbieten wir dem heiligen Kreis des Lebens unsere Würdigung, Respekt und Dankbarkeit. Wir, die Menschen, dürfen nicht vergessen, in Demut die Gaben zu würdigen, von denen wir so reichlich in unserem täglichen Leben Gebrauch machen.

Ich überbringe Ihnen die allerbesten Grüße von meinem Volk, den *Haudenosaunee*[7]. Sie stellten für mich ein ›Bündel‹ von Grüßen zusammen, bevor ich von zu Hause wegfuhr, so wie das immer getan wird, wenn jemand im Auftrag der *Haudeno-saunee* in ein anderes Land reist. Sie sagten: ›An die Häupt-linge, die Führung von vielen Ländern, übermitteln die Häuptlinge der *Haudenosaunee* herzliche Grüße und großen Respekt. Möget ihr Harmonie finden. Allen spirituellen Füh-rern und Amtsinhabern ebenso herzliche Grüße von denen, die bei den *Haudenosaunee* solche Aufgaben wahrnehmen. Möge Frieden sein, wenn wir uns treffen. An die Frauen in dieser Versammlung – die Mütter der Nationen – ein herzlicher Gruß der Anerkennung und des Respekts, denn Sie haben eine ganz besondere und heilige Mission auf der Erde. Und an die Kinder vieler Länder, die hier versammelt sind, richten wir beste Grüße von den Kindern unseres Heimatlandes.‹ ✳ Dieses Bün-del von Grüßen und Anerkennung und Respekt übergebe ich hiermit allen hier Versammelten. Die Grüße bekräftigen die gegenseitige Verbundenheit von uns Menschen und unsere Beziehung zur Umwelt und zum Universum. ✱ Wir haben viel zu lernen von dem unglaublichen Wissen unserer Vorfahren. Seit Urzeiten gebrauchten sie all ihre Intelligenz und Sinne, und sie wußten und fühlten sich allem Leben verwandt. Auf irgendeine Weise muß diese Beziehung wiedergewonnen werden. Wir sehen uns kritischen Zeiten gegenüber. Mit den nötigen Veränderungen muß jetzt begonnen werden, denn schwerer Mißbrauch und Mißwirtschaft wird mit dem System, von dem unser Leben abhängt, getrieben. Heute richten sich die Energien der Menschen langsam darauf, Wege zu finden, die Mutter Erde zu retten. ✱ Der Gründer der *Haudenosaunee*-Regierung, den wir den Friedensstifter nennen, wollte, daß soziale Gerechtigkeit in der Welt herrscht. Kein Mensch sollte mehr Privilegien als jeder andere haben. Allen sollte mit Respekt begegnet werden. Ein gesunder menschlicher Geist respektiert die Gaben des Lebens – und alle Natur gibt Leben. ✱ In meiner Sprache gibt es kein Wort für ›Natur‹. Das englische Wort ›Natur‹ scheint sich auf etwas zu beziehen, das von den Menschen getrennt ist. Wir kennen keine solche Unterscheidung. Es ist dumme Arroganz von Menschen, sich dem System, das unser und alles Leben nährt, überlegen zu fühlen. Wie kann jemand dem überlegen sein, von dem sein Leben abhängt? Menschen haben prächtige Technologien erfunden – mit dem Ergebnis, daß Teile der Welt in unnötigem und entmündigendem Überfluß leben, während Menschen in anderen Teilen der Welt aus Mangel an Nahrung, Wasser und Obdach sterben. Die Prioritäten müssen anders gesetzt werden, damit Menschen, die viel haben, sich nicht schämen müssen, weil andere hungern und sterben. Es sollte nirgendwo in der Welt obdachlose oder hungrige Menschen geben. Die Machthaber müssen diese erbärmliche Situation angehen. Wir sind alle Reisegefährten auf dieser Erde . . . ✱ Wir leben in einer Ära, in der zu viel Geld für das Militär ausgegeben wird. Sogar jetzt, wo die Großmächte friedlichere Beziehungen zueinander herstellen, bleiben die Militärausgaben grotesk hoch. Der Zweck dieser hohen Militäretats kann nur die Erwartung von Gewalt sein. Als eine Mutter fordere ich, daß unsere Söhne nicht dazu erzogen werden, im Krieg zu sterben. Krieg ist irrational, seine Begründung suspekt. Wenn wir auf diesem Planeten weiterleben wollen, müssen wir Krieg beseitigen, denn er schadet allen Lebewesen. * Ich möchte dringend dazu auffordern, die herrschende Vorstellung von Natur zu über-denken. Natur, das Land, darf nicht Geld bedeuten; Natur muß Leben bedeuten. Natur ist die Schatzkammer des Lebenspotentials zukünftiger Generationen, ist heilig. Die menschlichen Gesellschaften haben bereits die Technologien, die Nahrung, Kleidung und Unterkunft für alle liefern können. Doch die Organisation der Verteilung von Reichtum muß in Ordnung gebracht werden, sonst zerstört das herrschende Ungleichgewicht das gegenwärtige wie auch zukünftige menschliche Leben und die Natur. Die westliche Gesellschaft muß die Priorität auf lebenserhaltende Systeme legen und ihre Bindung an die materielle Welt in Frage stellen. Spiritualität sollte unser Fundament sein...

MATHEW KING ✳ Lakota

Ein Gefühl von Beklemmung begleitet uns wie eine schwarze Wolke auf dem Weg in die Pine Ridge Reservation. Vielleicht liegt es an der Landschaft – düster wie die Ereignisse, die sich hier in South Dakota zwischen den heiligen *Black Hills* und den *Badlands* abgespielt haben. Die *Badlands* steigen nicht aus der Landschaft empor, sie fallen von ihr ab – ein von Erosion gezeichnetes Totenreich mit grotesk-schönen, düster leuchtenden Formationen, die der Sonnenuntergang in ein Meer von rasch wechselnden Farben taucht: von blassem Safrangelb über blutrotgestreiftes Orange bis zu unheilverkündendem Scharlachrot. ✳ Wir wollen zu Mathew King, einem bekannten Sprecher der traditionellen Lakota (»Nennt uns nicht Sioux«, ermahnt man uns immer wieder, »das ist der Name, den uns der Weiße Mann gegeben hat. Wir sind Lakota.«). Schließlich erreichen wir die kleine Ortschaft Kyle – eine Schule, ein paar Läden, ein Imbiß, eine Kreuzung von Asphaltstraßen, die schnell zu Schotterstraßen werden. Der abgemagerte Hund eines Nachbarn knurrt uns aus sicherer Entfernung drohend an, als wir an Mathew Kings Fliegengittertür klopfen. ✳ Der kleine, weißhaarige Mann begrüßt uns mit einem fast lausbübischen Grinsen. »Kommt rein.« Er führt uns durch die Küche ins Wohnzimmer und bedeutet uns, auf der abgenutzten Couch Platz zu nehmen. Er selbst setzt sich uns gegenüber auf einen Stuhl. Die Ausstrahlung seines Lächelns erhellt den halbdunklen Raum auf eigene Weise. ✳ Die Wand hinter ihm ist mit kleinen Löchern gesprenkelt. »Das waren die Gangster vom Stammesrat«,[8] sagt er und zuckt die Schultern. »Sie haben mich beschuldigt, die *AIM*-Leute zu beschützen, also haben sie das Haus unter Beschuß genommen. Mit einem Schrotgewehr, direkt durchs Fenster. Meine

Enkelin lag auf der Couch, da wo ihr jetzt sitzt. Es gab nie eine Untersuchung. Doch wir wissen genau, wer es war. Später wurden diese Kerle ziemlich verprügelt, aber umgebracht haben wir sie nicht. Ich glaube nicht an Gewalt. Ich kann allerdings mit meinem Gewehr schon eine Menge ausrichten. Ich bin ein indianischer Krieger. Ich werde kämpfen, bis sie mich töten!« ✳ Er winkt ab, als wir zu erklären versuchen, warum wir hier sind. »Ich weiß genau, warum ihr hier seid! Der Weiße Mann kam in dieses Land und hat seine ursprünglichen Weisungen vergessen. Ihr seid also hier, um die Weisungen zu finden, die ihr verloren habt. Ich kann euch nicht sagen, welche das waren, aber ich kann vielleicht ein paar Dinge erklären.

Es ist Zeit, daß die Indianer der Welt sagen, was wir wissen. Ich werde euch also sagen, was ich weiß und wer ich bin. Sperrt eure Ohren auf. Ihr habt noch eine Menge zu lernen.«

WER ICH BIN

»Ich bin ein Indianer. Ich bin eins von Gottes Kindern. Mein
indianischer Name ist Noble Red Man. So hieß mein Großvater.
Ich bin ein Häuptling. Ich sage, was ich zu sagen habe. Das ist
meine Pflicht. Wenn ich es nicht sage, wer soll es dann sagen?

Ich bin ein Prophet der Indianer. Ich kann sehen, was kommen
wird. Ich kann euch in die Augen und ins Herz schauen und
sehen, ob ihr lügt oder versucht, mich zu hintergehen. Ich
kann sehen, ob ihr den Indianern schaden wollt. ❋ Nennt mich
einen Häuptling der Lakota. Ich bin ein Sprecher für die
Häuptlinge. Ich gehe mit dem Großen Geist, mit Gott. Ich
spreche zu Ihm. Er führt mich in meinem Leben. Manchmal
kommt Er zu mir und sagt mir, was ich sagen soll. Manchmal
spreche ich auch nur für mich selbst, für Mathew King.«

DIE MACHT DER PFEIFE
»Ich habe Red Clouds Friedenspfeife. Sie gaben sie mir, als sie
mich zum Häuptling machten. Zuerst wollte ich sie gar nicht
annehmen. Red Cloud ist ein großer Mann. Er hat all diese
Verträge mit den Weißen gemacht. Wenn er mußte, hat er

gekämpft und die Soldaten geschlagen. Er hat Custer vernichtet. Doch ich würde meine Probleme lieber friedlich lösen. Ich habe außerdem die Pfeifen von Black Bear und von meinem Großvater Noble Red Man. Die Friedenspfeife ist unsere einzige Waffe. Sie ist unsere heilige Macht. Die Pfeife vermittelt zwischen Menschen und Gott. Um die Pfeife, um dieses Geschenk Gottes, zu bekommen, mußt du rein in Herz, Geist, Körper und Seele sein. Und wenn du damit gebetet hast, mußt du auch so leben, ein Leben mit Gott. Das ist das Schwierigste dabei.«

GOTT HAT ALLES SO EINFACH GEMACHT

»Gott hat alles so einfach gemacht. Unser Leben ist sehr einfach. Wir tun, was wir tun wollen. Wir gehorchen nur einem Gesetz, Gottes Gesetz. Wir brauchen eure Kirche nicht. Die Black Hills sind unsere Kirche. Und wir brauchen eure Bibel nicht. Wir haben den Wind und den Regen und die Sterne als Bibel. Die Welt ist eine offene Bibel für uns. Wir haben sie Millionen von Jahren studiert.

Wir haben gelernt, daß Gott das Universum lenkt und daß alles, was Gott geschaffen hat, lebendig ist. Sogar die Steine leben. Wenn wir sie in unserer Schwitzhütten-Zeremonie verwenden, sprechen wir zu ihnen, und sie antworten uns.«

MIT GOTT SPRECHEN

»Wenn wir Weisheit suchen, gehen wir auf einen Hügel und sprechen zu Gott. Allein, vier Tage und vier Nächte, ohne zu essen und zu trinken. Dort kannst du Gott alles sagen, was du willst. Kein Mensch kann dich hören. Es ist ein großartiges Gefühl, zu Gott zu sprechen. Ich weiß das. Ich habe es hoch oben auf dem Berg gemacht. Der Wind blies, es war dunkel und kalt. Und ich stand da und sprach zu Gott.«

GOTTES MEDIZIN

»Einmal auf dem Berg habe ich Gott um ein Heilmittel gegen Diabetes gebeten. Und eine Stimme sagte: ›Dreh dich um!‹ Ich drehte mich um, und da stand die schönste indianische Frau, die ich je gesehen hatte. Sie streckte mir die Hand hin. In ihrer Hand lagen diese kleinen dunkelblauen Beeren, die an Thujen wachsen. Sie hielt sie mir hin, aber bevor ich meine Hand ausstrecken konnte, war sie verschwunden. ❋ Ich weiß, wer sie war. Sie war die Frau, die unserem Volk die heilige Pfeife gebracht hat. Wir nennen sie Weiße-Büffelkalb-Frau.[6] Damals, vor langer Zeit, hungerten wir, und die Kinder weinten. Unsere Jäger zogen quer durchs Land und suchten Büffel und Wild, aber es gab nichts, nicht mal ein Kaninchen, nicht mal einen Vogel. Wir wurden dafür bestraft, daß wir uns von Gott abgewandt hatten. Er war zornig auf uns. Aber Er liebte uns immer noch. Er wollte seinen indianischen Kindern die Pfeife geben, damit wir mit Ihm sprechen konnten, wann immer wir wollten. So schickte Er die schöne Weiße-Büffelkalb-Frau mit der Pfeife zu uns. Aber auf dem Weg zu uns traf sie auf zwei Krieger. Sie setzte das Bündel mit der Pfeife ab und schaute sie an. Die Krieger sahen, wie schön sie war. Mann, einer solchen Frau kann man einfach nicht widerstehen! ❋ Der eine von ihnen bekam solche Angst, daß er sich auf den Boden warf und sich nicht zu rühren traute. Aber der andere hatte böse Gedanken über diese Frau, weil sie so hübsch war. Also rief sie ihn zu sich herüber, und eine Wolke hüllte ihn ein. Als sich die Wolke hob, waren nur noch Knochen von ihm übrig. Gott will keine bösen Gedanken! ❋ Als ich später Diabetes bekam, dachte ich nicht mehr an die Beeren. Sie schickten mich zum Arzt der Weißen. Sie gaben mir Pillen. Jeden Morgen mußte ich Insulin nehmen. Ich war oft im Krankenhaus. Dann erinnerte ich mich wieder an die Weiße-Büffelkalb-Frau und diese dunkelblauen Beeren. Ich pflückte ein paar, kochte sie, seihte den Saft ab und trank ihn. Er ist so bitter, daß er mir den Zucker schnurstracks aus dem Körper zog. Die Ärzte untersuchten mich und staunten. Sie sagten, die Diabetes sei weg. Ich mußte nie mehr Insulin nehmen. Sie fragten mich, wie ich das gemacht habe, aber ich sagte es nicht. Gott gab uns Medizin, um sie mit anderen Menschen zu teilen, aber wenn der Weiße Mann sie in die Hände bekommt, verlangt er einen hohen Preis dafür und läßt dich sterben, wenn du nicht zahlen kannst. Gottes Medizin ist kostenlos. Wir geben Gott kein Geld. Wir geben Ihm unsere Gebete, unseren Dank.«

DER WEISSE MANN VERSTEHT ALLES FALSCH

»Er nennt uns Wilde, doch er selbst ist der Wilde. Schaut, diesen Kopfschmuck nennt er Kriegsschmuck. Sicher, wir haben ihn im Krieg getragen, aber im allgemeinen war er für Zeremonien. Jede Feder steht für eine gute Tat, und ich habe in meinem 36 Federn. Es geht dabei nicht um Krieg, sondern darum, wer wir sind. Wenn wir singen, spricht der Weiße Mann von Kriegsliedern – aber die Lieder sind Gebete. Unsere Trommeln nennt er Kriegstrommeln – aber mit ihnen sprechen wir zu Gott. Es gibt keine Kriegstrommel. Wenn unsere Krieger ihr Gesicht bemalen, nennt er das Kriegsbemalung. Doch die Bemalung dient dazu, daß Gott unser Gesicht deutlich sehen kann, falls wir sterben müssen. Wie können wir dann mit dem Weißen Mann über Frieden sprechen, wenn er immer nur Krieg versteht?«

INDIANISCHE RELIGION

»Indianische Religion ist so alt wie die Schöpfung. Bei uns sind die Stammesältesten die spirituellen Lehrer. Die Weisheit von Jahrtausenden spricht aus ihnen. Viele Weiße wollen lernen, was unsere Ältesten wissen. Sie finden dann irgendeinen ›Indianerhäuptling‹, der für 250 Dollar ein Schwitzbad für sie veranstaltet, und sie glauben, damit wüßten sie alles über indianische Religion. Aber man verkauft nicht die Religion seines Volkes. Unsere Zeremonien und unsere Religion sind nicht für Geld zu haben. Und die *Black Hills* verkaufen wir auch nicht.«

DIE BLACK HILLS

»Der Weiße Mann hat uns hundert Millionen Dollar für unsere Black Hills geboten. Aber nicht einmal hundert *Milliarden* wären genug. Auch nicht *vierhundert Milliarden!* Sie würden nicht den Schaden decken, den ihr angerichtet habt. Ihr könnt uns nie für das bezahlen, was ihr gestohlen und zerstört habt. Ihr könnt nie bezahlen für all die Adler, die ihr getötet habt, all die Büffel, das Wild. Und nicht für all die Indianer, die ihr getötet habt. Die Black Hills sind nicht zu verkaufen. Die Black Hills sind die Geburtsstätte der Lakota, dort sind unsere Vorfahren begraben, dort feiern wir heilige Zeremonien. * Jetzt, wo ihr herausgefunden habt, daß das Land hier reich an Gold, Kupfer, Kohle und Uran ist, ärgert ihr euch vielleicht darüber, daß ihr uns damals in diese Berge und *Badlands* zurückgetrieben habt. Denn jetzt wollt ihr das Uran. Aber ihr könnt es nicht haben. Wir sind die Hüter des Urans von Großmutter Erde. Ihr könnt es nicht haben. Ihr würdet es nur dazu benutzen, Gottes Welt zu zerstören.«[9]

IHR HABT UNS NIE GEDANKT

»Ihr habt uns alles genommen und nichts gegeben, und, was das Schlimmste ist – ihr habt uns nie gedankt! * Ihr müßt euer Verhalten ändern. Nicht wir müssen uns ändern, ihr müßt euch ändern! Wir Indianer lebten ein gutes, ein glückliches Leben, bevor *ihr* hierherkamt und Elend und Unglück brachtet. Wer gab *euch* das Recht, das zu tun? *Ihr* habt unsere Leute umgebracht. *Ihr* habt unser Land gestohlen. Doch Gott hat uns dieses Land gegeben. *Ihr* könnt es uns nicht wegnehmen!« * Mathew ist bei diesen Worten aufgestanden. Seine Augen funkeln. Wenn er »ihr« hervorstößt, meint er keinen abstrakten Weißen Mann, er meint *uns* zwei, die wir vor ihm sitzen. *Wir* sind die Unterdrücker, die Zerstörer, die Mörder. *Wir* sind der Feind.

EINE PROPHEZEIUNG

»Ich prophezeie viele Dinge, die geschehen werden. Gott wird über die Welt richten. Er ist wütend. Es tut mir leid, daß es so kommen wird. Er wird nicht die ganze Welt zerstören. Aber alle Lebewesen werden zugrunde gehen, und es wird vielleicht eine Million Jahre dauern, bis neues Leben entsteht. Großmutter Erde wird allein sein. Sie wird sich ausruhen. Alles wegen der Schlechtigkeit des Weißen Mannes. Ihr werdet stürzen, tief stürzen. Ihr werdet merken, daß ihr nicht ungestraft Gottes Welt zerstören könnt. Ihr könnt Seine Zeichen sehen. An der Westküste, der Mt.-Helens-Vulkan – das ist ein Zeichen. Und es wird Erdbeben geben, vielleicht halb Kalifornien und halb Washington und Oregon werden im Wasser versinken. Das gleiche im Osten und im Süden. Ihr werdet Vulkanausbrüche und Erdbeben und Wirbelstürme haben. ✳ Wir Indianer fürchten uns nicht vor dem Sterben. Wir haben einen besseren Platz, zu dem wir gehen, also macht es uns nichts aus. Wir sind bereit. Wir wollen nur, daß ihr Bescheid wißt. Vielleicht könnt ihr euch ändern, vielleicht könnt ihr aufhalten, was geschehen wird. Es bleibt nicht viel Zeit. Es wird geschehen, glaubt mir das. Sagt ihnen, Noble Red Man hat das gesagt!«

EIN SEGEN

Mathew lächelt wieder, und unversehens scheint Licht den
Raum zu erfüllen. »Laßt euch keine grauen Haare wachsen«,
sagt er lachend. »Ihr zwei habt noch genug Zeit, das zu tun,
was ihr tut. Gott macht Gebrauch von euch. Er schickt euch,
das Leben der Indianer anderen zu zeigen. Das ist eine gute
Sache. Ihr solltet dankbar sein, daß Er eine Verwendung für
euch gefunden hat.« ✳ Es scheint ihn zu freuen, als wir ihn um
seinen Segen bitten. »Legt eure Kamera auf diesen Stuhl, und
du, leg deinen Schreiber daneben. Ich werde sie segnen, damit
ihr damit keinem Indianer Schaden zufügt.« Mehrere Minuten
hält er seine Hände über Kamera und Füller und betet auf
Lakota. An einer Stelle hält er inne und hebt den Kopf, als höre
er etwas. Wir können spüren, wie der Geist durch uns fließt,
wie ein Wind. »Ich habe Gott gesagt, was ihr tut«, sagt
Mathew. »Er sagt mir, ihr werdet eine gute Reise haben. Die
Indianer werden durch das, was ihr tut, keinen Schaden
nehmen, und euch wird nichts zustoßen, während ihr es tut.
Ich bat Ihn, diese zwei Männer zu segnen und über sie zu
wachen.«

Wir führten diese Gespräche 1983. Inzwischen ist Noble Red Man gestorben. Als wir von seinem Tod erfuhren, mußten wir an folgende Worte von damals denken: »Wißt ihr, letzte Nacht habe ich von meiner Frau geträumt, zum ersten Mal seit ihrem Dahingehen vor vier Jahren. Sie kam zu mir und sagte, es sei sehr friedlich da oben. ›Wir leben hier ein gutes Leben‹, sagte sie. Sie wollte, daß ich mich beeile und auch dorthin komme. ›Warte einen Moment‹, habe ich zu ihr gesagt. ›Ich muß noch eine Menge Dinge hier in der Welt tun. Warte lieber noch ein bißchen länger, dann werde ich da sein.‹«

CORBETT SUNDOWN * Seneca

Drei Jahre waren seit unserem letzten Besuch bei Häuptling Corbett Sundown vergangen, als wir 1989 zu der eine Autostunde von Buffalo entfernten *Tonawanda Indian Reservation* im Norden des Staates New York fuhren. 1986 war Corbett 77 gewesen und hatte schon drei Herzinfarkte hinter sich, aber trotzdem war er voller Leben, Energie und Humor. Er war ein Mann, der sich sein Leben lang für sein Volk eingesetzt hatte, ohne an Gegenleistung zu denken. Es war einfach seine Pflicht, und nichts konnte ihn davon abhalten. Obwohl die Herzinfarkte ihn gezwungen hatten, seine Position als Sprecher für das »spirituelle Feuer« der traditionellen Sechs Nationen der Irokesen aufzugeben, leitete er weiterhin Langhaus-Zeremonien und war eine Quelle von praktischer wie spiritueller Weisheit für alle, die an seine Tür kamen. Ich freute mich sehr auf das Wiedersehen. * Als Harvey und ich jetzt bei Corbetts Haus in Tonawanda vorfuhren, sahen wir ihn in einem in der Einfahrt geparkten Auto sitzen. Wir gingen zu ihm hinüber. Die Hand, die er uns unsicher entgegenstreckte, zitterte leicht. Im ersten Augenblick erinnerte er sich nicht an uns, dann breitete sich langsam ein schwaches, doch aufrichtiges Lächeln des Erkennens auf seinem Gesicht aus. Seine Stimme jedoch war kaum hörbar, ein stockendes, kratzendes Flüstern, in dem wir nur schwer Worte ausmachen konnten. * »Ich sitze gerne... hier draußen im Auto«, sagte er. »Kann nicht mehr viel gehen. Kann... gar nichts mehr machen. Kann nicht...« Die Worte verloren sich. Seine Augen wandten sich ab, in irgendein inneres Bild vertieft. Nach ein oder zwei Minuten hatte er genügend Kraft gesammelt, um weiterzusprechen. * »Ich sitze hier draußen... schaue, was sich

bewegt«, sagte er. »Gestern morgen sah ich vierzehn Hunde. Niemand sonst hat sie gesehen. Ich glaube, ich weiß, wer sie sind.« ✳ »Wer sind sie?« fragte ich. Er antwortete nicht. Er schloß die Augen. Wir dachten, er sei vielleicht eingeschlafen, doch er sah nur tief in sich hinein und versuchte, die Worte aus seinem Inneren auf die Zunge zu bringen. Von den Hunden sprach er nicht mehr. ✳ »Dinge kommen in mich«, sagte er schließlich. »Die fallenden Blätter . . . die Sterne . . . ich schaue ihnen zu . . . sie kommen in mich.« Wieder glitt er ein paar Minuten lang in scheinbaren Schlaf. Dann öffnete er die Augen. »Ich bin jetzt achtzig. 50 Jahre lang war ich ein Häuptling . . .« Die Worte zerrannen. ✳ Wir halfen ihm aus dem Auto und ins Haus, zu den zwei wundervollen Damen, die sich

um ihn kümmern: die 85jährige Edna Parker und die 96jährige Betsy Carpenter. »Sie tun so, als wäre ich ein kleiner Junge«, sagte er lächelnd. Er setzte sich an den überladenen Küchentisch, an dem wir früher so wundervolle Gespräche geführt hatten. Heute würde es kein Gespräch geben. Wiederholt versuchte er zu sprechen, doch es wurde nur ein heiseres Seufzen. ✳ Mir wurde klar, daß alles, was Corbett uns zu sagen hatte, bereits gesagt worden war. Mehr würde es nicht geben. Er ballte langsam die Hände zu Fäusten und öffnete sie wieder, betrachtete sie mit zusammengekniffenen Augen, als wären sie meilenweit entfernt. »Kann . . . meine Hände nicht fühlen«, flüsterte er. ✱ Einer plötzlichen Eingebung folgend ging ich zu ihm und nahm seine Hände in meine. Sie waren kühl, trocken, wie rissiges Leder, fast leblos. Ich preßte, drückte und rieb sie sanft und flehte, daß etwas vom Leben und der Wärme meiner Hände in seine übergehen möge. »Das sind starke Hände, Corbett«, sagte ich. »Das sind Hände, die ihr Volk gut geführt haben.« ✱ Tränen traten in Corbetts Augen. Auch ich konnte die Tränen nicht zurückhalten. Seine Lippen bewegten sich, versuchten vergeblich, die Worte hervorzubringen, die so tief in seinem Inneren verborgen waren. ✱ »Corbett«, fragte ich, »darf ich deine Hände fotografieren?« Mit Ednas und Betsys Hilfe führten wir ihn wieder nach draußen ins Licht. Zehn Minuten lang fotografierte ich diese wundervollen Hände. Sie hatten aufgehört zu zittern. Nie werde ich vergessen, welche Kraft sie ausstrahlten. Ich nahm sie wieder in meine. ✱ Corbett saß da und schaute mich an. Sein ruhiges Lächeln sagte, was Worte nicht sagen konnten. Worte? Wir waren um des Geschenks seiner Worte willen gekommen. Es gab so viel, das wir hören wollten, so viel, das er uns sagen konnte. Aber jetzt waren Worte ohne Bedeutung. Eine tiefere Art der Kommunikation fand statt. Er hatte uns den Segen seiner Gegenwart gegeben, und kein Geschenk kann größer sein.

Steve Wall

HARRIET STARLEAF GUMBS ✳ Shinnecock

An einem der letzten noch heilen Küstenstreifen des östlichen Long Island liegt die Shinnecock Reservation. Von der Straße aus ist sie kaum zu sehen, und nur aufmerksame Beobachter entdecken das handgeschriebene Schild »*Shinnecock Indian Outpost & Starleaf's Antique Bottle Shop*« an einem einstöckigen Holzgebäude. Starleaf ist der indianische Name von Harriet Gumbs, Lehrerin, Historikerin und Sprecherin ihres Stammes. ✳ »Wir waren schon viele tausend Jahre hier, als 1640 die ersten weißen Siedler kamen«, erzählt sie uns, als wir an einem frostigen, schwermütig-schönen Dezembernachmittag das mit Steinen und Muschelschalen übersäte Ufer der Shinnock Bay entlangschlendern. Von dieser Küste stammen die *quahogs*, die purpurfarbenen Venusmuschelschalen, aus denen die Indianer des amerikanischen Nordostens einst die roten Perlen für ihre heiligen Wampumefertigten. »Unsere Vorfahren nannten diesen Platz *Sea-wan-hac-hee*, Muschel-Himmel«, sagt Starleaf. »Damals gehörten uns viele Meilen von Land hier. Jetzt haben wir nur noch diese 160 Hektar. Ein Landerschließungsunternehmen bot uns kürzlich Millionen dafür, aber wir lehnten ab. Dieses Land ist für immer unser, und wir gehen nicht weg.« ✳ Sie erzählt eine Geschichte, die ihr ihre Großmutter Elizabeth Adams, die über hundert Jahre alt wurde, erzählt hat:

DIE HERKUNFT UNSERES VOLKES

»Eine wunderschöne Taube flog über die Erde und ließ einen Blutstropfen von ihrem verwundeten Flügel auf die warme Brust von Mutter Natur fallen. Die Bäume sangen leise, und ihre Äste schwankten anmutig in den sanften Winden und strichen über den Platz, wo der Blutstropfen gelandet war.

Ein wenig Sonnenlicht, ein Regentropfen, ein Lebenshauch vom Großen Geist, der sanft auf diesen Platz atmete, erschuf die Ureinwohner Amerikas. Sie waren wohlgestaltet und gewandt, kupferfarben und stolz.«

Starleaf seufzt. »Heute brauchen wir eine Revolution, um zu überleben. So viel wurde uns genommen, so viel ist verlorengegangen. Wir kennen unsere Sprache und Kultur kaum noch. Sie wurden uns genommen, zusammen mit dem Land und, ja, sogar dem Meer und den Flüssen. In meiner Jugend war das Wasser so sauber und klar, daß wir darin badeten und unsere Kleider wuschen. Jetzt ist es so verschmutzt, daß niemand mehr einen Fuß hineinsetzen mag. ✳ Wir lebten hier seit

Anbeginn, und der einzige Abfall, den wir zurückließen, waren Austernschalenhügel an der Küste. Was dagegen werden zukünftige Archäologen finden, wenn sie die heutige Zivilisation ausgraben? Für die nachkommenden Generationen werden die Amerikaner des 20. Jahrhunderts Müllfabrikanten, Giftproduzenten und Karzinogenschöpfer sein. ✳ Im Tausch für alles, was er uns genommen hat, gibt uns der Weiße Mann nichts als Sozialhilfe, und sogar für diese Winzigkeit macht er uns Vorschriften, wie wir zu leben haben. Das ist Vergewaltigung – Vergewaltigung der Lebensweise, der Kultur, der Tradition, Vergewaltigung von Land und Meer. Was für ein Vermächtnis soll das sein? Wir wollen es nicht haben, nichts davon.

Wir wollen nur überleben und bleiben, wer und was wir sind – und dafür werden wir dem Schöpfer immer danken. Wir wollen nur unsere Lebensweise und unsere Liebe zum Schöpfer unseren Kindern und Enkeln weitergeben können.«

EIN ERNTEDANKFEST AM STRAND

Mit der Hilfe ihres Sohns, einem Chefkoch, bereitet Starleaf ein traditionelles Festmahl am Strand vor. Zwei Tage lang wird das Essen zusammengetragen und zubereitet – ein wahres Füllhorn von frisch gefangener Nahrung der Bay und ihrer Küste: gedünstete Venusmuscheln und Krebse, rohe und gegrillte Austern, gebackene Miesmuscheln, gefüllte Kammuscheln, Austernmuscheleintopf, köstlicher gebackener *Bluefish*; dazu Leckerbissen von Kaninchen, Eichhörnchen, Ente und Wildbret. ✳ Als Vorspeise graben wir Venusmuscheln aus dem feuchten Sand, brechen sie auf und stecken sie einfach in den Mund. »Man braucht dazu keine Zitrone oder Pfeffersauce«, sagt Starleaf. »Sie sind perfekt, so wie sie sind, so wie

sie der Schöpfer gemacht hat.« Sie erinnert sich: »Früher gab
es so viele Venusmuscheln am Strand, daß man nur die Zehen
ein bißchen in den Sand stoßen mußte, um sie zu finden. Jetzt
werden es immer weniger. Kommerzielle Muschelfischer fahren mit Rechen die Küste bis zur Gezeitengrenze ab. In meiner
Jugend war der Strand perlweiß. Jetzt ist er mit grünen Algen
bedeckt. Man sagt, das liegt an den Pestiziden und Herbiziden
und den Düngemitteln von den Kartoffeläckern. Trotzdem, ist
es nicht schön hier?« ✱ Nach stundenlanger Vorbereitung ruft
Phil zum Festmahl, und wir versammeln uns um das Feuer. Die
Luft ist eine Sinfonie von Düften. »Aber zuerst«, sagt Starleaf,
»wollen wir uns an den Händen halten und beten.« Für den
großen Anlaß hat sie ein traditionelles indianisches Kleid aus
Tierhäuten angezogen; dazu trägt sie ein besticktes Schulter-
tuch und ihren schönsten Perlenschmuck. Sie strahlt freundliche Autorität aus, und ihre Spiritualität ist nicht aufgesetzt.
Als wir Hände und Gesicht zum Himmel heben, stimmt sie an:

»Wir danken dem Schöpfer
für diese Früchte des Meeres.
Wir bitten um seinen Segen für die Nahrung,
die wir essen,
und für alle Generationen nach uns
bis zur siebten Generation.
Möge die Welt, die wir ihnen hinterlassen,
eine bessere sein
als die, die uns hinterlassen wurde.«

EDDIE BENTON-BANAI ✳ Ojibway

Der rote Backsteinbau an der Virginia Street in St. Paul stammt noch aus der Zeit um die Jahrhundertwende. Früher war hier eine katholische Konfessionsschule, woran noch der Spruch im Türsturz erinnert: »Lasset die Kindlein zu mir kommen.« Kinder kommen auch weiterhin hierher: Das Gebäude beherbergt jetzt eine alternative Indianerschule, das von Eddie Benton-Banai gegründete *Red School House*. An einem Montag morgen im Jahr 1984 stehen wir hier vor der Tür. Wir hören Trommeln, den uralten Rhythmus des Herzschlags – das ganze Schulhaus ist in diesem Augenblick ein einziges schlagendes Herz. ✳ Wir werden in ein großes Klassenzimmer geführt, wo Kinder und Lehrer in mehreren Kreisen sitzen oder stehen. In der Mitte schlagen drei Jugendliche und ein Mann – Eddie Benton-Banai – auf eine große Trommel ein. Eine kleine Version des heiligen Feuers brennt in einem zeremoniellen Gefäß, und Salbei, *Sweetgrass* und Tabak werden auf das Feuer gelegt. ✳ Eddie Benton-Banai ist ein kräftiger, vitaler Mann mittleren Alters, aber dennoch ein Weiser; einer der Gründer des *American Indian Movement*, ein *Mide-wiwin*-Priester,[10] Oberhaupt der »Drei-Feuer-Gesellschaft«, Philosoph und Dichter – und ehemals Trainer des Football-teams der Schule. Im Mittelpunkt all seiner Aktivitäten steht für ihn die Erziehung seines Volkes. ✳ »Wir müssen aufheben, was unsere Leute auf ihrem Weg zurückgelassen haben«, sagte Eddie zu uns, »nicht alles wurde weitergegeben. Zu viele unserer Leute sind damals zu schnell gestorben. Sie hatten nicht die Zeit, alles weiterzugeben. So müssen wir heute den Weg zurückgehen und finden, was dort zurückgelassen wurde. Uns erziehen heißt herausfinden, wer wir sind. Das meine ich mit dem Satz ›Lehrt die Kinder‹. Die Großväter und Großmütter sind in den Kindern. Wenn wir unsere Kinder richtig erziehen, werden sie später weiser sein, als wir es heute sind. Sie sind die Großväter und Großmütter von morgen. Darum geht es beim *Red School House*. ✳ Mein Leben gehört meinem Volk. Deshalb bin ich ziemlich beschäftigt. Ich werde vielleicht nicht immer Zeit für euch haben. Schaut euch einfach um. Ich verlange nur eines von euch, aber das ist nicht wenig: ich verlange eure ganze Aufmerksamkeit!«

DAS SPIRITUELLE FEUER BRENNT NOCH

»Das spirituelle Erbe der Ureinwohner Amerikas ist hier — es ist nicht ausgelöscht worden. Ich glaube, das spirituelle Feuer brennt noch und lädt Amerika, ja die Welt ein, näherzukommen, zuzuhören, zu lernen und sich von ihm wärmen und trösten zu lassen.

Ich bin überzeugt, daß es Zeit ist, mich meinen weißen Brüdern und Schwestern zu öffnen und das, was wir eingeborenen Menschen dieses Landes immer noch haben, mit allen zu teilen, die daran teilhaben wollen. Es ist Zeit, daß die Wigwamtür aufgemacht wird.«

EINE RENAISSANCE

»Es findet eine Renaissance statt bei den Urbewohnern Amerikas. Keine materielle, sondern eine spirituelle Renaissance, ein Wiedergewinnen und Wiederbeleben unseres ursprünglichen Vertrags mit dem Schöpfer. Wir nehmen aufs neue unsere Beziehung zu unserer Mutter, der Erde, und unsere Verantwortung für sie an. Wir wissen aber auch, daß viele unserer Ältesten unser spirituelles Erbe vergessen oder nie gekannt haben. Deshalb ist es die Aufgabe derer von uns, die, in welchem Maß auch immer, das Wissen über die Lehren, die Philosophie, die Tradition und Rituale besitzen, für ihre Wiederbelebung und Fortdauer zu arbeiten.«

WAS IST SOUVERÄNITÄT

»Als Person bin ich souverän. Ich bin von niemandem abhängig. Dreizehn Jahre lang war ich Stahlarbeiter im Hochbau, ich machte meine Arbeit sehr gut und liebte sie. Sie tat meinem Ego und meiner Männlichkeit gut. Aber irgendwann, nachdem ich Hunderte von Türmen und Wolkenkratzern und Brücken aufgestellt hatte, fiel mir auf, daß auf der Reservation keine Wolkenkratzer gebaut wurden. Ich sagte mir: ›He, das nützt meinen Leuten überhaupt nix.‹ Also stieg ich von den Eisenträgern herunter und schrieb Selbstbestimmung auf meine Fahne. Dann mußte ich lernen, wie ich meine Familie, mein Volk souverän machen kann. Souveränität ist etwas, das immer weitere Kreise zieht. Es beginnt bei einem selbst. Vielleicht damit, zu einem Fluß zu gehen, um Fische für die Familie zu fangen. Wenn eine Person für die sorgen kann, die von ihr abhängig sind, dann ist sie souverän. Souveränität ist eine Verantwortung, die man in sich trägt, sie wird einem nicht von einem anderen gegeben. Ihr könnt uns nicht die Souveränität geben. Um Souveränität für unser Volk zu erlangen, muß jeder Mann und jede Frau von uns souverän sein.«

ALS INDIANER AUFWACHSEN

»Ich bin Vollblutindianer. Mein wirklicher Name ist *Bawdway Wi Dun*, das heißt »Bote« und hat mit den Donnerwesen zu tun. Ich wurde in einem Wigwam geboren und in der traditionellen Lebensweise der Ojibway erzogen. Ich habe viele der alten traditionellen und spirituellen Lehren und Rituale unverfälscht aus erster Hand bekommen. Ich fastete das erste Mal mit fünf Jahren, dann mit sieben, neun, elf und dreizehn. Bis zum Alter von zehn Jahren sprach ich kein Englisch. Ich wurde zum *Midewiwin*-Lehrer bestimmt und ausgebildet. Derzeit bin ich Priester der vierten Stufe in der *Midewiwin*-Religion der Ojibway und Hüter und Träger der heiligen Wassertrommel und der Pfeife des ewigen Gebets. Aber nennt mich nicht ›Ältester‹ – das ist ein Ehrentitel, den mir nur mein Volk verleihen kann. ✱ Meine Mutter war eine Heilerin, deshalb war sie viel unterwegs, um Wurzeln und Kräuter und andere Dinge für ihre ›Apotheke‹ zu sammeln. Mein Vater war Holzfäller, Fallensteller und Sklavenarbeiter beim Schienenbau. Ich erinnere mich, wie wir, sobald ich laufen gelernt hatte, bei einem Farmer Kohlrüben und Kartoffeln für ein oder zwei Penny pro Sack ernteten. Wir gingen jeden Tag zu Fuß die vielleicht zehn Meilen zu der Farm, arbeiteten den ganzen Tag, bekamen unsere paar Pennys und gingen wieder nach Hause. Mein Vater kaufte mit diesem Geld Essen für die Familie. Gemessen an heutigen Maßstäben war das ein hartes Leben. Aber ich fand mein Zuhause wunderbar. Es war warm. Alle Leute dort sprachen miteinander, in unserer eigenen Sprache. Alle im Wigwam liebten einander. Ich kam also aus einem sehr, sehr reichen Heim, und ich bin stolz darauf. ✱ Einen nicht unbeträchtlichen Teil meines Lebens habe ich in der weißen Welt zugebracht. Ich wurde gezwungen, auf eine katholische Missionsschule und ein BIA-Internat zu gehen. Ich weiß nicht, an welche dieser beiden Schulen ich süßere Erinnerungen habe. In der katholischen Konfessionsschule mußten wir mit dem Gesicht nach vorne still dasitzen, und die gute, freundliche, liebevolle Schwester stand dort und lehrte, was immer sie lehrte – ich habe es selten verstanden. Dann wurde abgefragt, und sie sagte: ›Edward, steh auf und sag mir, wer 1492 der König von Spanien war?‹ Und ich stand auf und sagte: ›Ich weiß nicht.‹ Allerdings auf *Anishinabe*, nicht Englisch — woraufhin ich an den Ohren zur Tafel gezogen wurde und meine Hände mit der Handfläche nach unten ausstrecken mußte, und die gute, freundliche, liebevolle Schwester schlug mir zwölfmal mit ihrem Meterstab auf die Handrücken. So ging das fast täglich. Ich habe nie gelernt, wer zum Teufel der König von Spanien war. Vielleicht hätte ich's lernen sollen. Vielleicht wäre dann mein kleiner Finger jetzt noch gerade. ✱ An eine Sache erinnere ich mich ziemlich genau. Weil ich mich weigerte, ausschließlich Englisch zu reden, beschloß man, mich zum Ministranten zu machen. Ich war beeindruckt, ich hielt das für einen echten Aufstieg in der Welt. Das einzige Problem war, so sagten sie, daß ich eine Sprache lernen mußte, um Ministrant zu sein: Latein. Ich lernte also ein bißchen Latein. Was die Worte bedeuten, wußte ich nicht, aber mit etwas Übung konnte ich sie aufsagen. Ich weiß noch heute alles, was ein Ministrant zu tun hat. Ein Grund für meinen

Wunsch, Ministrant zu sein, war, daß wir jeden Sonntag nach der Messe eine Schale Wackelpudding mit Schlagsahne bekamen. Mensch, war das gut! Es war so ungefähr das einzig Gute, was ich je in dieser Schule bekommen habe. ✳ Dann also das BIA-Internat. Wie's der Zufall wollte, war ich in einer überaus reizenden Institution namens *Pipestone Indian Training School*. Ich werde nie meinen ersten Tag dort vergessen. Wir waren fast einen Tag lang mit dem Schulbus von Wisconsin ins südwestliche Minnesota gefahren und kamen um Mitternacht herum in Pipestone an. Ich dachte, wir bekämen jetzt sicher was zu essen – aber nichts dergleichen. Sie ließen uns alle, Mädchen und Jungen getrennt, losmarschieren, und der erste Halt war ein kleiner Raum mit vier Stühlen. Und da schnitten sie uns allen die Haare ab. Ich weiß noch, wie ich geweint habe. Meine Mutter hatte mir immer die Zöpfe geflochten, und an jenem Tag hatte sie mir eine Adlerfeder in die Haare gebunden. Sie sagte: ›Ich möchte, daß du nett aussiehst, wenn du dort hinkommst.‹ Und: ›Achte immer auf deine Haare. Flechte sie, wenn du kannst, in jedem Fall aber halte sie sauber, kämme sie, binde sie hinten zusammen. Und vergiß nicht, daß sie immer geflochten sein müssen, wenn du beten gehst. Und ich will, daß du diese Adlerfeder behältst, bis wir wieder zusammen sind.‹ In jener Nacht hackten sie also meine Haare ab.

Schnitten sie ab bis zur Kopfhaut. Und auf dem Boden lagen meine hübsche Adlerfeder und die Zöpfe, mit denen sich meine Mutter soviel Mühe gegeben hatte. Danach ließ man uns zur Dusche marschieren und schüttete irgendein Zeug über uns, um uns zu ›entlausen‹, wie es hieß. Dann nahm man uns unsere Kleidung weg und steckte uns in blaue Overalls. Wer Mokassins hatte, mußte sie hergeben und statt dessen schwarze Schuhe aus Regierungsbeständen anziehen. Soviel zum ersten Tag im BIA-Internat. Jetzt dürft ihr raten, welche dieser Internatsschulen ich am meisten geliebt habe.«

VERNON COOPER * Lumbee

Westlich von Lumberton in North Carolina, auf der anderen Seite des Lumber River, leben die Lumbee – die größte indianische Nation östlich des Mississippi und gleichzeitig eine der am wenigsten bekannten. Die etwa 35 000 Lumbee, früher Croatan genannt, haben keine Reservation und werden von der Regierung der USA nicht anerkannt, doch sie halten hartnäckig an ihrem angestammten Territorium im ländlichen Robeson County fest, das sie, nicht ohne Spannungen, mit 40 000 Weißen und 25 000 Schwarzen teilen. * Nach der Theorie einiger Historiker haben die Vorfahren der Lumbee einst die weißen Siedler der von Sir Walter Raleigh um 1580 an der Küste von Virginia gegründeten »Verlorenen Kolonie« bei sich aufgenommen. (Der einzige Hinweis auf den Verbleib der verschwundenen Kolonisten war das in einen Baum geritzte Wort »Croatoan«.) Als im 18. Jahrhundert Europäer ins Innere Virginias vorstießen, trafen sie auf einen Englisch sprechenden Stamm, zum Teil hellhäutig und blauäugig, der ihre Form des Christentums praktizierte. Offensichtlich waren die Vorfahren der heutigen Lumbee vor dem

Andrang der weißen Siedler an den Küsten Virginias und South Carolinas geflohen und hatten in den dunklen, abweisenden Sümpfen entlang des Lumber River Zuflucht gesucht. ✱ Vernon Cooper, der 1989, bei unserem ersten Besuch, 84 Jahre alt war, steht in direkter Verbindung zu jenen Ereignissen vor vier Jahrhunderten. »Meine Großmutter hat 1917 auf ihrem Totenbett ihre Heilkraft auf mich übertragen«, erzählt er. »Sie sagte, diese Fähigkeit sei unserer Familie für 400 Jahre gegeben worden und ich sei der letzte unserer Familie, der diese Gabe hat: ›Du stehst am Ende dieser 400 Jahre.‹ Als meine Tochter geboren wurde, betete ich, die Prophezeiung möge geändert werden, damit auch sie eine Heilerin werden kann. Doch es sollte nicht sein. Es gibt ein paar andere hier, die mit Kräutern arbeiten. Ich habe weitergegeben, was ich konnte. Doch die Gabe, mit den Händen zu heilen, kann nicht weitergegeben werden, sosehr ich mir das auch wünschte.«

HEILEN

»Alles, was einer Person zustößt, kann geheilt werden. Wir kommen aus der Erde, und die Erde hält Heilmittel für alles bereit. In früheren Zeiten bedurfte es nur eines einzigen Krauts, um jemanden zu heilen; jetzt ist eine Kombination nötig. Das Problem ist, daß die von den Farmen verwendeten Herbizide und Pestizide die meisten Kräuter und Wurzeln hier in der Gegend ausgemerzt haben. Man muß in die Berge gehen, um sie zu finden, und dafür bin ich langsam zu alt.

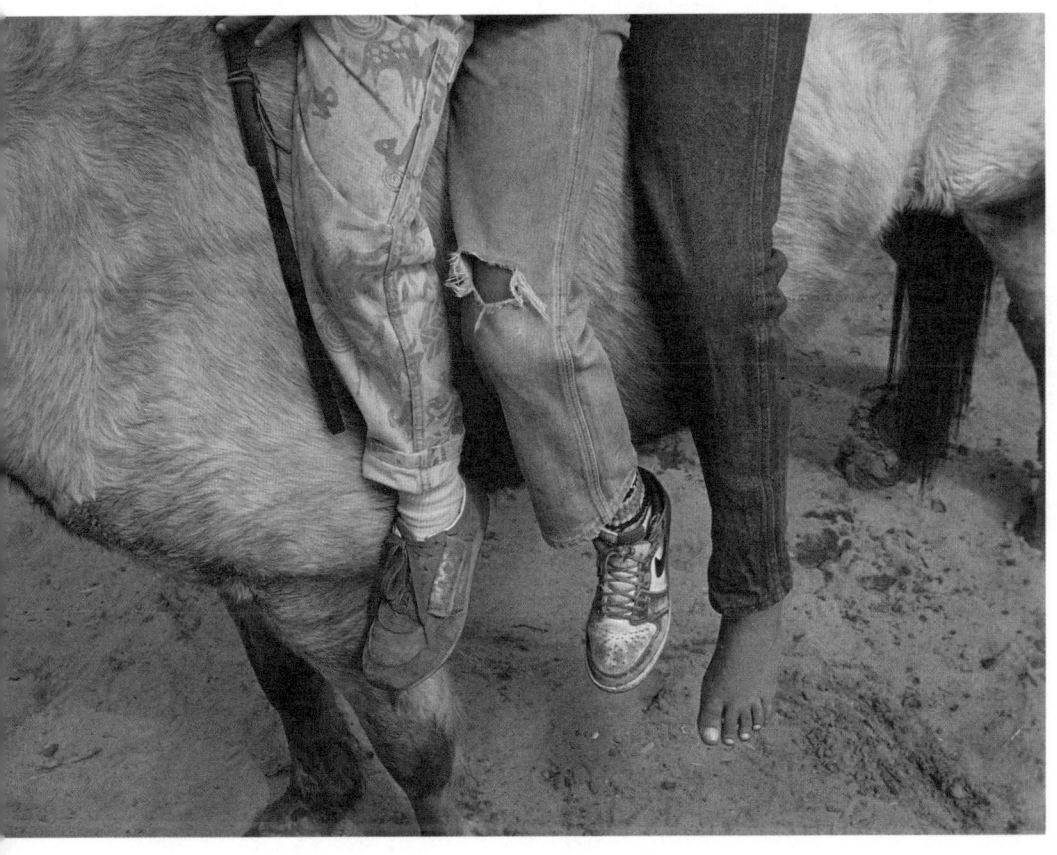

Alles, was ich weiß, habe ich durch Zuhören und Zuschauen gelernt. Heutzutage lernen die Leute aus Büchern. Die Ärzte studieren, was die Menschheit gelernt hat. Ich bete darum, zu verstehen, was die Menschheit vergessen hat.

Ich bereite keine Tinktur zu, bevor ich nicht genau weiß, was einer Person fehlt. Medizin kann ebenso schaden wie nützen, und ich will niemandem schaden. Was mir Gott zeigt, das tue ich. Vielleicht sind ein paar Kräuter vonnöten. Vielleicht Handauflegen. Aber vor allem braucht es Glauben. ✳ Die mir von meiner Großmutter übertragene Gabe besteht darin, durch Handauflegen – wir sprechen von ›Reiben‹ – zu diagnostizieren und zu heilen: Ich reibe die betroffene Person mit

meinen Händen, um die Krankheit zu finden. Ich bitte Gott um Hilfe. Wenn der Patient Glauben hat, kommt das Fieber sofort heraus und geht in meine Hände über. Ich kann die Hitze in meinen Fingern spüren. Manchmal schält sich dann meine Haut. Ich spüre den Schmerz des Patienten wie einen Elektroschock. Meine Adern sind tagelang geschwollen. Spürt ihr diesen Knoten in meiner Hand? Der stammt von einem Mann, den ich behandelt habe. Der Knoten kam direkt von seiner Hand in meine und blieb dort. Es ist eine schwere Bürde, Heiler zu sein. ✳ Manchmal bin ich sehr müde. Ich arbeite bis weit in die Nacht hinein, ein Patient nach dem anderen; und um fünf Uhr morgens klopft es vielleicht schon wieder an der Tür. Seit vielen Jahren geht das nun so, obwohl ich jetzt etwas langsamer trete. Man hat mich gefragt, warum ich nicht mal Ferien mache. Aber das wollte ich nicht. Wenn ich ausgeruht wäre, würde ich nur um so härter arbeiten, und dann wäre ich schnell wieder so müde wie zuvor. Ich kann also ebensogut gleich müde bleiben. ✳ Ich habe keine Zeit für Ferien. Ich bin noch nicht fertig mit meiner Arbeit in der Welt. Wenn ich die Aufgabe erfüllt habe, die Gott mir zugedacht hat, werde ich zu jenem anderen wunderbaren Land gehen, und dort kann ich mich für immer ausruhen. Ich freue mich schon darauf, das könnt ihr mir glauben.«

DIE ZEIT, IN DER WIR LEBEN

»Ich bin einfach nicht für die heutige Zeit gemacht. Alle Leute haben es eilig, doch sie gehen nirgendwo hin. Die Menschen leben nicht, sie existieren bloß. Sie entfernen sich von der geistigen Wirklichkeit.

Dieser Tage suchen die Menschen Wissen, nicht Weisheit. Wissen gehört der Vergangenheit an, Weisheit der Zukunft.

Wir leben in einem Zeitalter, in dem die Menschen schlafen. Sie halten sich für wach, doch in Wirklichkeit schlafen sie. Dabei ist dies das gefährlichste Zeitalter der Geschichte – die Menschen müssen aufwachen. Sie können Gottes Stimme nicht hören, wenn sie schlafen. ✳ Schwere Maschinen und leichtsinnige Menschen haben fast alles zerstört, was die Natur gibt. Wir können nicht weiter ungestraft die Erde vergiften und zerstören. Wir stehen vor einem Umbruch ohnegleichen.

Ich bin jetzt müde«, sagt Vernon. »Ich fühle mich in letzter Zeit nicht gut. Seit Monaten war ich nicht mehr imstande, zum Kräutersammeln zu gehen. Vielleicht werde ich schon bald die langerwartete Ruhe finden. Wie dem auch sei – ihr könnt gerne wiederkommen.«

OREN LYONS ✳ Onondaga

Das Territorium der souveränen Onondaga-Nation" liegt am Südrand der Stadt Syracuse im Staat New York. Wir sitzen an einem Holztisch im Blockhaus von Oren Lyons, *Faithkeeper* des Schildkröten-Clans der Onondaga und Sprecher der Sechs Nationen der Irokesen. Es ist später Abend, und eine Kerosinlampe wirft scharfgeschnittene Schatten an die Wände. ✳ »Ich habe absichtlich keinen Strom im Haus«, sagt Oren, der uns gegenübersitzt. »Und kein Telefon. Das ist wichtig!« In einer Ecke hängt im Schatten eine Ansammlung von zeremoniellen Masken mit dem Gesicht zur Wand. »Wir zeigen ihre Gesichter nur während Zeremonien. Und wir lassen niemanden bei unseren Zeremonien fotografieren, also fragt lieber erst gar nicht.« Er betrachtet uns und schüttelt den Kopf. »Warum kommt ihr zu uns? Wir sind eine harte Nuß, und ihr werdet uns nicht knacken. Denkt ihr, wir händigen unsere Ältesten jedem aus, der zur Tür hereinspaziert?« Er beugt sich vor, die Ellenbogen auf den Tisch gestützt. »Wir hüten sie wie eine reine Quelle. Also, was wollt ihr von unseren Ältesten? Geheimnisse? Mysterien?« ✳ Wir erklären, daß wir sie nur treffen und ihnen zuhören wollen, daß wir keine Geheimnisse suchen. »Das ist gut«, sagt Oren, »denn

ich kann euch gleich sagen, daß es keine Geheimnisse gibt. Es gibt nur den gesunden Menschenverstand.«

Er steht auf, geht zu dem gußeisernen Ofen und wärmt sich daran die Hände. Ein eisiger Januarwind preßt trockenen Schnee gegen die Fensterscheiben. Wir sitzen unruhig da. Wird Oren uns gleich hinauswerfen? Doch er setzt sich wieder und sagt: »Gesunder Menschenverstand ... Ich werde euch etwas über den gesunden Menschenverstand erzählen.«

DAS GESETZ DER NATUR

»Unter welchem Gesetz lebt ihr? Dem der Regierung der Vereinigten Staaten? Das ist Menschengesetz. Wer es bricht, zahlt eine Geldbuße oder kommt ins Gefängnis – vielleicht. Vielleicht wird er überhaupt nicht bestraft. Passiert dauernd. Die Leute meinen, sie kommen mit allem davon, und sehr oft ist das auch so. Doch sie vergessen, daß es ein anderes Gesetz gibt, das Gesetz des Schöpfers. Wir nennen es das Gesetz der Natur... Dieses Gesetz gilt überall. Es hebt Menschengesetz auf. Es kennt keine Richter und Geschworenen und keine Anwälte, man kann sich nicht herausreden oder freikaufen. Wenn man das Gesetz der Natur verletzt, schlägt es zu, und zwar hart.

Es ist eines der Gesetze der Natur, daß man alles reinhalten muß. Besonders das Wasser. Das Wasser reinzuhalten, ist eines der ersten Gesetze des Lebens. Wer Wasser zerstört, zerstört Leben.

Das meine ich mit gesundem Menschenverstand. Jeder kann das verstehen. Alles Leben auf Mutter Erde hängt von reinem Wasser ab, aber trotzdem schütten wir allen möglichen Dreck und Gift ins Wasser. Das spricht jedwedem gesunden Menschenverstand Hohn. Euer Parlament kann ein Gesetz verabschieden, das so etwas erlaubt; aber für das Gesetz der Natur ist euer menschliches Gesetz ohne Bedeutung. Das Gesetz der Natur wird euch treffen. Ihr könnt ihm nicht entkommen. Wenn ihr das Wasser tötet, tötet ihr das Leben, das von ihm abhängt, euer eigenes miteingeschlossen. Das ist Naturgesetz. Es ist auch gesunder Menschenverstand.«

ALLES LEBEN IST GLEICH

»Es ist ebenso ein Gesetz der Natur, daß alles Leben gleich ist.
Das ist unsere Philosophie. Man muß das Leben respektieren —
alles Leben, nicht nur das eigene. ›Respekt‹ ist das Schlüssel-
wort: Wer die Erde nicht respektiert, zerstört sie; wer nicht
alles Leben so wie das eigene respektiert, wird zum Mörder.

Der Mensch glaubt manchmal, er sei zum Besitzer, zum
Herrscher erhoben worden. Das ist ein Irrtum. Er ist nur ein Teil
des Ganzen. Seine Aufgabe ist die eines Hüters, eines Verwalters,
nicht die des Ausbeuters. Der Mensch hat Verantwortung,
nicht Macht.«

DIE SIEBTE GENERATION

»Wir denken bei jeder Entscheidung an die siebte der kommenden Generationen. Es ist unsere Aufgabe, dafür zu sorgen, daß die Menschen nach uns, die noch ungeborenen Generationen, eine Welt vorfinden, die nicht schlechter ist als die unsere – und hoffentlich besser. Wenn wir auf der Mutter Erde gehen, setzen wir die Füße vorsichtig auf, denn wir wissen, daß die Gesichter unserer zukünftigen Generationen zu uns hochblikken. Wir vergessen sie nie.« Oren verschwindet kurz im Schatten der Hütte und kommt mit einem etwa 10 cm breiten und 50 cm langen perlenbesetzten Wampumgürtel zurück.

WAMPUM DER ZWEI WEGE

»Das ist eine Nachbildung des *Two Row Wampum*, des Funda-
ments unserer Souveränität. Es repräsentiert den Vertrag, den
wir am Anfang des 17. Jahrhunderts mit den Holländern
geschlossen haben. Die zwei Reihen der purpurnen Perlen
stellen die roten und die weißen Menschen dar, die Seite an
Seite in immerwährendem Frieden und Freundschaft leben.
Der weiße Hintergrund ist ein Fluß. Auf diesem Fluß fahrt ihr
in eurem Boot und wir in unsrem Kanu. Jeder von uns ist für
seine eigene Regierung, Religion und Lebensweise zuständig.
Wir mischen uns nicht beim anderen ein und bringen uns nicht
gegenseitig vom Kurs ab. Die Reihen laufen parallel. Keine
Reihe ist größer. Wir sind gleich. Wir nennen einander nicht
›Vater‹ oder ›Sohn‹, sondern ›Bruder‹. So soll es zwischen uns
sein,

›so lange das Gras wächst und das Wasser fließt und die Sonne
scheint‹ — diese Worte stammen aus jenem Vertrag. Wir glauben
immer noch daran. Wir warten darauf, daß der Weiße Mann
seinen Teil der Abmachung erfüllt.

Derzeit macht er sich in der Flußmitte breit und drängt uns zur
Seite. Der Weiße Mann hat offenbar vergessen, was ursprünglich vereinbart worden war, als er schwach war und wir stark.
Doch wir haben ein gutes Gedächtnis. Der Schöpfer ebenfalls... Unsere Vorfahren sagten uns, eines Tages würden
einige unserer Leute einen Fuß in das Kanu und den anderen in
das Boot setzen — eine sehr gewagte Position. Und sie sagten
voraus, ein großer Wind würde sich erheben und Kanu und
Boot auseinandertreiben. Dann werden diese Leute ins Wasser
fallen. Und keine Macht der Welt kann sie retten.«

WIR SIND DIE HAUDENOSAUNEE

»Wir sind die *Haudenosaunee*. Das heißt ›Menschen des Lang-
hauses‹. Wir sind eine Konföderation von sechs Nationen. Jede
Nation ist gleich, ist souverän... In Fragen von Frieden und
Krieg und anderen wichtigen Angelegenheiten setzen wir uns
alle zusammen und treffen gemeinsam unsere Entscheidun-
gen. Es gibt keine übergeordnete Autorität. Wir stimmen nicht
ab. Wir müssen eine Entscheidung finden, der alle zustimmen.
Dafür haben wir ein Verfahren: * Wir sitzen an drei Seiten eines
Inneren Feuers: Unsere Älteren Brüder, die Seneca und
Mohawk, an einer Seite; unsere Jüngeren Brüder, die Oneida,

Cayuga und Tuscarora, an der anderen; und vorne die Onondaga, die Hüter des Inneren Feuers. Jede Seite des Feuers hat einen Sprecher. Das Problem wird von einer Person, der sogenannten ›Quelle‹, eingebracht. Dann diskutiert es jede Seite unter sich und schickt ihre Entscheidung zur ›Quelle‹. Dort wird sie mit den Entscheidungen der anderen abgestimmt und wieder an die verschiedenen Seiten zurückgegeben. Und so geht es weiter, bis Einstimmigkeit herrscht. ✳ Dies ist ein sehr altes indianisches Regierungssystem. Es erfordert völlige Einigkeit bei der Entscheidung. Es braucht Zeit. Aber die so getroffenen Entscheidungen sind sehr fest. Wenn es ein Problem gibt, das wir anscheinend nicht lösen können, behandeln wir es zu einem anderen Zeitpunkt wieder. Wenn es beim dritten Mal immer noch keine einstimmige Entscheidung gibt, verkündet der *Tadodaho*, der vorsitzende Häuptling – der von den Onondaga, den Hütern des Inneren Feuers, kommt –, einen Kompromiß. Gibt es auch darüber Unstimmigkeit, wird der *Tadodaho* sagen: ›Wir werden uns nicht damit befassen‹, denn kein Problem ist es wert, sich darüber zu entzweien. ✳ Der Friedensstifter, der unsere Konföderation gegründet hat, sagte uns, wir müßten eines Sinnes sein. Das sind gute Worte, und wir sollten sie im Gedächtnis behalten, heute oder zu jeder anderen Zeit.«

BEWUSSTSEIN

Wer in dieser Versammlung
spricht für die Vierbeiner?
Wo ist der Sitz für die Adler?

Wir denken nicht an sie, und
wir halten uns für höherstehend.

Doch wir sind letzten Endes
nur Teil der Schöpfung.

Dies müssen wir bedenken,
um zu verstehen, wo wir stehen.

Und unser Platz ist irgendwo
zwischen dem Berg und der Ameise.

Irgendwo und nur dort
als Teil und Stück
der Schöpfung.

Häuptling Oren Lyons
aus einer Rede an die *Non-Governmental Organizations* der UNO
Genf 1977

LEILA FISHER ✳ Hoh

Nach einer zweistündigen Fahrt durch den nebelverhangenen Regenwald der Halbinsel Olympia im Staat Washington kommen wir zur nur 180 Hektar großen Hoh Reservation am Rand des Pazifik. Wo die zweispurige Asphaltstraße sich im Sand verliert, halten wir an und klopfen an der Tür eines kleinen Holzhauses. »Herein!« ruft eine Frauenstimme. In dem spärlich möblierten Wohnzimmer sitzt Leila Fisher, eine Älteste der Hoh, in einem abgewetzten Lehnstuhl und flicht mit geschickten Fingern einen der Strohkörbe, für die sie berühmt ist. Sie wundert sich, daß zwei Fremde sie sprechen wollen, und sie schlägt uns vor, zum Strand zu gehen, wo gerade ein Fest und *Powwow*[12] begonnen hat. Durch das offene Fenster hören wir entferntes Trommeln und Singen. ✳ »Sie singen Lieder der Erde«, sagt Leila. »Ich bin zu schwach, um mitzufeiern, doch ich liebe es, den singenden Kindern zuzuhören. Viele der Lieder habe ich sie gelehrt. Sie sind meine Kinder. Alle Kinder sind meine Kinder. Ich bringe ihnen Lieder und viele andere Dinge bei. Dafür sind Großmütter da – Lieder zu lehren und Geschichten zu erzählen und zu zeigen, welche

Beeren und Wurzeln man essen kann. Und außerdem ihnen
soviel Liebe zu geben, wie sie verkraften können. Großmutter
zu sein ist der beste Job, den es gibt! Ihr zwei geht jetzt besser
nach draußen, bevor das ganze Essen weg ist – aber bevor ihr
geht, erzähle ich euch noch eine kleine Geschichte. Sie ist eine
meiner liebsten – und sie ist wahr.«

WIE WEISHEIT KOMMT

»Habt ihr euch je gefragt, wie Weisheit kommt?« Ohne mit dem Korbflechten aufzuhören oder aufzublicken, fährt sie fort: »Ein Mann hier auf der Reservation, ein Postbote, hörte einmal ein paar Älteste über Gegenstände von großer Macht reden. Der höchste dieser Gegenstände, die nur der Schöpfer jemandem schenken kann, sei eine Adlerfeder, sagten sie. Der Postbote wußte nicht viel über solche Dinge, doch er dachte sich, es wäre eine wunderbare Sache, wenn er so eine Adlerfeder bekäme. Sie würde ihm sicher soviel Macht und Weisheit und Ansehen verschaffen, wie er sich wünschte. Und da er sich nun keine kaufen und niemanden bitten konnte, ihm eine zu schenken, mußte sie irgendwie durch den Willen des Schöpfers zu ihm kommen. ✳ Anfangs glaubte er, er brauche nur die Augen offenzuhalten. Tag für Tag hielt er Ausschau, und schließlich dachte er von Sonnenaufgang bis Sonnenuntergang an nichts anderes mehr. Wochen vergingen, dann Monate, dann Jahre. Täglich fuhr der Postbote seine Runde und hielt Ausschau nach einer Adlerfeder. Er kümmerte sich nicht um seine Familie und Freunde. Doch die Adlerfeder kam nicht. Er wurde alt – und immer noch keine Feder. Schließlich gestand er sich ein, daß er trotz aller Mühe der Adlerfeder keinen Schritt nähergekommen war als zu Beginn seiner Suche. ✳ Eines Tages legte er am Straßenrand eine Rast ein. Er stieg aus seinem kleinen Postauto und sprach mit dem Schöpfer. Er sagte: ›Ich bin es so müde, nach dieser Adlerfeder zu suchen. Vielleicht ist es mir nicht bestimmt, eine zu bekommen. Ich habe mein ganzes Leben lang nur an die Adlerfeder gedacht. Ich habe meine Familie und Freunde vernachlässigt. Ich habe viele gute Dinge versäumt. Nun, ich gebe die Suche auf. Ich werde lieber anfangen zu leben. Vielleicht kann ich noch etwas an meiner Familie und meinen Freunden gutmachen.‹ ✳ Als er das gesagt hatte, fiel ihm ein großer Stein vom Herzen. Er fühlte sich plötzlich besser als all die Jahre zuvor. Gerade als er wieder in sein Auto steigen wollte, zog ein Schatten über ihn hinweg. Überrascht schaute er nach oben. Und hoch am Himmel sah er einen großen Vogel, der schnell davonflog. Dann sah er etwas ganz leicht im Wind herabschweben – eine wunderschöne Schwanzfeder. Es war seine Adlerfeder! Er begriff, daß diese Feder erst kam, nachdem er aufgehört hatte zu suchen und seinen Frieden mit dem Schöpfer gemacht hatte.

Er wußte jetzt, daß Weisheit erst dann kommt, wenn man nicht mehr danach sucht und wirklich das Leben lebt, das einem zugedacht ist.

Der Briefträger ist ein anderer Mensch geworden. Die Leute kommen wegen seiner Weisheit zu ihm, und er teilt all sein Wissen mit ihnen. Er hat jetzt die Macht und das Ansehen, die er gesucht hat; doch sie haben keine Bedeutung mehr für ihn. Er denkt an die anderen, nicht an sich selbst. Jetzt wißt ihr also, wie Weisheit kommt.«

BUFFALO JIM * Seminole

Als wir die schmale Pflasterstraße zur *Big Cypress Seminole Indian Reservation* entlangfahren, kommen wir an einem von Kugeln durchsiebten Schild mit der Aufschrift »Eigentum der Regierung der USA. Innenministerium« vorbei. Zu beiden Seiten der Straße dehnen sich braune, fast trockene Grasmarschen, aus denen sich immer wieder kleine Hügel mit spärlichem Baumbestand erheben. Früher waren das Inseln in dem *Big-Cypress*-Sumpf direkt nördlich der *Everglades*, doch der Sumpf ist jetzt größtenteils trockengelegt. Bei einer kleinen Gemüsehandlung halten wir an und fragen nach dem Weg zu Buffalo Jim, dem alten Medizinmann, den wir aufsuchen wollen. Die Fahrspur, auf der wir uns wenig später befinden, endet in hohen Unkräutern und Gestrüpp, aus denen sich ein einfaches rechteckiges Haus aus Lavagestein erhebt. * Der Pfad zu seiner Tür ist offensichtlich viel begangen. Auf unser Klopfen hin raschelt es im Hausinneren. Dann Schweigen. Wie immer, wenn wir das erste Mal zu einer Person von spiritueller Autorität kommen, bemächtigt sich unser ein Gefühl nervöser Erwartung. Wir wissen, wir werden gleich einer eingehenden Prüfung unterzogen werden. * Die Tür öffnet sich einen Spaltbreit, und vor uns steht ein gebeugter, aber immer noch hochgewachsener Mann mit schmalem Gesicht, in das sich tiefe Falten wie ein feingesponnenes Netz eingegraben haben. Wir wissen über Buffalo Jim nicht viel mehr als das, was wir in vergilbten Zeitungsausschnitten aus den frühen siebziger Jahren gelesen haben: Damals hatte er sich an einem kurzlebigen Regierungsprogramm zur Ausbildung junger Seminolen in den

vom Aussterben bedrohten traditionellen Heilkünsten betei-
ligt. Da er kaum Englisch spricht, übersetzt sein langjähriger
Mitarbeiter in der Kräutermedizin, Joe Jumper, seine Worte
aus dem *Mikosukee*. ✳ Buffalo Jim hat über siebzig Jahre lang
Medizin praktiziert und wird von seinem Volk für sein Kräu-
terwissen und seine spirituellen Kräfte sehr verehrt. Besonders
berühmt ist er für seine Fähigkeit, durch heilige Lieder
Schmerzen zu lindern. Über Medizin und Zeremonien will er
jedoch nicht sprechen. »Der Weiße Mann will immer Dinge
wissen, die er nicht verstehen kann und die ihm nur schaden«,
sagt er, »aber wenn ihr über andere Dinge sprechen wollt,
dann kommt rein.« ✳ Buffalo – Buffalo ist sein Vorname, Jim

der Nachname – wurde laut Stammesurkunde am 11. Januar 1889 geboren. Demnach war er 94 Jahre alt bei unserem ersten Besuch 1983 und 100 bei unserem letzten Besuch 1989. Er besteht jedoch darauf, mehrere Jahre älter zu sein. ✱ In einem vollgestopften Hinterzimmer stellt Buffalo spezielle Heiltränke nach uralten Rezepten her – der üppige Pflanzenwuchs des Sumpflandes direkt hinter dem Haus ist seine natürliche Apotheke. Die Patienten geben ihm dafür oft ein Huhn oder ein Stück Schinken oder Rindfleisch. Bei unserem ersten Treffen trägt er zwei Uhren und fünf Ringe – auch dies Geschenke von Patienten. Er lädt uns ein, am Küchentisch Platz zu nehmen.

»Stellt mir Fragen, die von eurem Herzen kommen«, sagt Buffalo, »und ich werde euch von meinem Herzen her antworten.«

»Wir haben keine speziellen Fragen, Buffalo. Worüber würdest du gerne sprechen?« ✱ Er schweigt und beginnt dann zu lächeln. ✱ »Wir können über Vögel sprechen!« lacht er und schlägt mit den Armen, als wollte er fliegen. »Vögel«, sagt er und hält eine Adlerfeder hoch, »waren immer wichtig für die Indianer, weil sie hinfliegen, wo sie wollen, sich niederlassen, wo sie wollen – sie sind frei. Wir nehmen diese Federn der Vögel und benutzen sie in Zeremonien, weil die Federn uns an den Schöpfer erinnern. Der Adler fliegt von allen Vögeln am höchsten, deshalb ist er dem Schöpfer am nächsten, und so ist seine Feder die heiligste. Der Adler ist für alle Stämme, alle Völker der heiligste Vogel. Daneben gibt es in jedem Stamm noch andere Vögel, die verehrt werden. Bei den Seminolen ist das der Reiher.«

ZWEI ZEICHEN FÜR DAS ENDE DER WELT

»Der Schöpfer nannte uns zwei Dinge, die kurz vor dem Ende der Welt geschehen werden. Als erstes werden wir unsere Sprache verlieren – und schon jetzt können unsere Kinder die alte Sprache nicht mehr. Das zweite Zeichen ist, daß wir vergessen werden, wie man das Heilige Feuer macht. Und tatsächlich weiß das jetzt niemand mehr so richtig. Sie versuchen es, aber sie wissen nicht, ob sie es wirklich so tun, wie es uns der Schöpfer vor langer Zeit gelehrt hat. Auch ich kann mich kaum erinnern, wie die Alten es gemacht haben, damals vor hundert Jahren. Ich war damals noch klein. Ich versuch' mal, es euch zu zeigen.« ✳ Um zu demonstrieren, wie die Alten aus einem Feuerstein den Funken schlugen, nimmt Buffalo eine Gabel in die Hand und einen Stein in die andere. Er hebt die Gabel über den Kopf und schlägt mit ihr kräftig auf den Stein. Das Ergebnis ist lediglich ein aufgeschürfter Daumen. Später bringen wir ihm einen Feuerstein aus einem Museum, doch etwas Wichtiges fehlt immer noch: »das Eisenstück, mit dem der Funke entfacht wird«, sagt er. Er hat ein Stück Zypressenrinde geholt, das traditionell bei Seminolen-Zeremonien zum Entzünden des Feuers benutzt wird. Traurig, mit einem Schulterzucken, zündet er es jetzt mit dem Streichholz an — ein »falsches« Heiliges Feuer vielleicht, aber dennoch heilig für die Umstehenden. Sein kurzes Auflodern und schnelles Verlöschen bringt uns wieder zum Thema des Weltendes.

DIE ERDE IST WIE EIN TIER
»Die Erde ist wie ein Tier«, sagt Buffalo. »Wenn ein Tier krank ist, bebt und zuckt es. Kurz vor seinem Tod schüttelt es sich noch mehr, es zittert am ganzen Körper. So ist das mit den Erdbeben und Vulkanausbrüchen. Es hat schon begonnen. Die Welt bebt und zuckt und schüttelt sich kurz vor ihrem Tod.«

DAS ENDE FLORIDAS
»Der Schöpfer formte Florida wie die Nase eines Hirschs. Eines Tages wird der Schöpfer diese Nase abbrechen. Florida wird ins Meer fallen. Es wird nicht mehr lang dauern. Nichts kann das aufhalten.« * Und was wird mit den Menschen in Florida geschehen? * Er lächelt dunkel. »Werden alle tot sein«, sagt er. »Alle tot.« Dann hellt sich sein Lächeln auf: »Als nächstes sprechen wir von Anfängen!«

WIE DIE ERDE ERSCHAFFEN WURDE
»Am Anfang hatte die Welt kein Land. Nur Wasser. Als der Schöpfer hierherkam, konnte er nirgendwo gehen. Dann sah Er einen kleinen Barsch im Wasser schwimmen. Der Barsch war müde vom dauernden Schwimmen und wollte sich ausruhen. Deshalb tauchte er bis zum Grund, hob Sandkörner auf und schichtete sie aufeinander, bis nach langer Zeit der Haufen endlich über die Wasseroberfläche ragte und der kleine Barsch sich darauf ausruhen konnte. Das brachte den Schöpfer, der müde vom Waten im Wasser war, auf eine Idee. Er sagte zum Barsch: ›Tauche wieder nach unten und hole mir vier Sandkörner.‹ Der Barsch tat das. Dann sah der Schöpfer eine Seekuh, und zu ihr sagte Er: ›Nimm eines der Sandkörner und schlage es mit deinem Schwanz nach Westen.‹ Also schlug die Seekuh das Sandkorn nach Westen, und dort, wo es hinrollte, bildete sich Land, und über dem Land donnerte es, und die Welt bebte. Dann sagte Er zur Seekuh: ›Nimm das zweite Sandkorn und schlage es mit deinem Schwanz in den Süden.‹ Sie tat es, und wieder bildete sich Land, und der Donner ließ die Erde beben. Dann schlug die Seekuh die restlichen Sandkörner in den Norden und in den Osten. So entstand die Welt.«

DER SPECHT, DER BUSSARD UND DER WASCHBÄR

»Nachdem der Schöpfer das Land gemacht hatte, schickte Er den Specht los, um sich umzusehen. Der Specht schlug kräftig mit den Flügeln, so« – Buffalo bewegt die Ellenbogen schnell auf und ab. »Als der Specht über das Land flog, schlugen seine Flügel auf den Boden, und so entstanden die Berge. ✳ Der Schöpfer schickte auch den Bussard, um sich umzusehen. Der Bussard fliegt flach, mit ausgebreiteten Flügeln« – Buffalo breitet die Arme weit aus und streckt die Finger wie Flügelspitzen, so als gleite er dahin. »Wo seine Flügel auf dem Boden auftrafen, entstanden Ebenen und Täler. ✳ Ein anderes Tier war der Waschbär. Als die Welt gemacht wurde, sagte der Schöpfer allen Lebewesen, sie sollten nicht auf die Erdoberfläche gehen, solange sie nicht trocken und fest ist. Doch der Waschbär hörte nicht darauf und grub in dem weichen Boden nach Langusten. So entstanden die Sümpfe. Der Schöpfer schrie den Waschbär wütend an, er solle damit aufhören. Da begann der Waschbär zu weinen. Er wischte sich die Augen mit den Händen ab – die schwarz vom Graben waren. So bekam der Waschbär seine schwarzen Augen.«

WIE LIEBE BEGANN

»Danach machte der Schöpfer den Menschen, so wie es in der Bibel steht. Er nahm Lehm und atmete ihn an. Und der Mensch fing an zu atmen und wurde lebendig. Dann gab ihm der Schöpfer Wissen und Weisheit. Doch dieser Mensch, es war ein Mann, war nicht glücklich, er ging herum und ließ den Kopf hängen. Eines Tages sagte der Schöpfer: ›Ich weiß, warum du unglücklich bist; du bist einsam, das ist alles.‹ Also versetzte Er den Mann in tiefen Schlaf, machte aus seiner untersten Rippe eine Frau und legte sie neben ihn. Als der Mann aufwachte und die Hand ausstreckte, merkte er, daß jemand neben ihm lag. Er tastete weiter und merkte, daß es eine Frau war! Da begann er zu lächeln. Und die Frau – sie lächelte ihn auch an. So begann die Liebe.«

DER GEHSTOCK DES ZAUBERERS

Beim zweiten Besuch bringen wir einen alten Gehstock mit, in dessen Knauf ein stilisiertes Reptil geschnitzt ist. Wir haben ihn von Fred Kline, einem Kunsthändler aus Santa Fe, der meinte, er stamme vielleicht von den Seminolen. ❋ Buffalo, der auf der Bank vor dem Haus sitzt, legt sich den Stock quer über die Knie und streichelt ihn, als wäre er ein lebendiges Wesen. Er betrachtet ihn eingehend. »Ja, er ist Seminole. Sehr alt, lange vor meiner Geburt. Er muß einer wichtigen Persönlichkeit gehört haben. Die Schnitzerei ist vielleicht ein Alligator, er könnte also einem Mitglied des Alligator-Clans gehört haben – diesen Clan gibt es jetzt nicht mehr. Wahrscheinlich ist es aber kein Alligator, sondern eine Schlange mit Beinen, wie es sie damals gab. Ein solcher Stock wurde vielleicht einem Besucher, der durchs Seminolen-Land reiste, mitgegeben. Solange er ihn trug, würde ihm niemand etwas tun. Heute haben wir keine solchen Stöcke mehr – wir besitzen ja nicht einmal unser Land. Manchmal denke ich, auch wir sind hier nur Besucher.« ❋ Buffalo streicht weiter über den Stock. »Er besitzt immer noch Macht«, sagt er, »die Macht jenes alten Mannes ist noch in ihm.« ❋ Buffalo behielt den Stock über Nacht, und als wir am nächsten Tag wiederkommen, wirkt er aufgeregt. Er berichtet von seinem Traum der vergangenen Nacht: »Ein Mann kam, ein sehr alter Mann, gebeugt, aber voller Macht. Er trug Hosen aus Hirschleder und ein Semino-

len-Hemd, und er hatte einen Turban auf dem Kopf. Er war ein
Medizinmann, ein Magier, ein großer Häuptling unseres Volkes. Er war der Mann, der diesen Stock gemacht hat. Seine
Macht ist noch darin, also seid vorsichtig. Er kann euch helfen,
aber er kann euch auch töten. ✳ Ja, ein Magier. Vielleicht
Coacoochee – Chief Wildcat selbst. Er war ein echter Medizinmann, viel mächtiger als Osceola.[13] Das war, als unsere Leute
gegen die Armee der Vereinigten Staaten kämpften und sich in
den Sümpfen versteckten. Die Soldaten kamen mit der weißen
Parlamentärflagge, doch das war nur ein Trick: Sie verhafte-
ten Osceola und Wildcat und steckten sie ins Gefängnis von St.
Augustine. Osceola blieb ihr Gefangener, und später töteten

sie ihn. Aber Wildcat wandte Magie an. Vier Tage lang aß er nicht. Die Soldaten lachten ihn aus. Sie begossen ihn mit Wasser. Doch in der vierten Nacht machte er die Steinmauer so weich, daß er seine Hände durchstecken konnte. Er machte ein Loch und ließ unsere Leute durchgehen. Als sie draußen waren, sagte er, sie sollten nach Süden gehen. Er hatte auch die Soldaten in Schlaf versetzt und bewirkt, daß die Hunde nicht bellten und die Seminolen keine Spuren hinterließen. Wir hatten damals große Führer, Führer, die Wunder wirken konnten, die die alten Lehren kannten. Solche Führer wird es nie mehr geben. Sind alle tot. Für immer tot.« ✻ Offensichtlich widerstrebend gibt er uns den Stock zurück. »Bringt ihn zurück, wenn ihr ihn nicht mehr braucht«, sagt er.

Ein paar Jahre später, 1989, kommen wir wieder und erfüllen seine Bitte. Der Stammesratsvorsitzende James Billie hält eine bewegende Zeremonie bei Big Cypress ab. Einmal mehr legt sich Buffalo den Stock quer über die Knie, und seine Finger streicheln liebevoll über das von der Zeit geglättete Holz. Mit

dem Fingernagel zeichnet er das geschnitzte Reptil auf dem Knauf nach. Er spricht von Wildcat: »Er konnte seinen Stock auf den Boden werfen und in eine Schlange verwandeln, und dann die Schlange wieder in einen Stock verwandeln. Diese Macht hatte er. Manchmal zum Guten, manchmal zum Schlechten.« ✳ Nach der Zeremonie richtet der Vorsitzende Billie an Buffalo die Bitte, über den Stock »etwas Medizin zu machen«, um böse Einflüsse abzuwehren, die vielleicht noch in ihm lauerten. Buffalo bereitet dann auch für uns ein Glas mit kaltem Tee aus *Bitterroot* und verschiedenen Blättern und Kräutern zu. Er läßt uns etwas davon trinken und weist uns an, den Rest in den nächsten drei Tagen über unseren Kopf und Körper zu spritzen. »Dieser alte Magier hat vielleicht einen Zauber in den Stock gelegt«, sagt er. Zweifellos hatte Wildcat wenig für weiße Männer übrig – kurz vor seinem Tod 1857 hatte er gesagt:

> »Ob ich in der Erde begraben oder ins Wasser versenkt werde –
> ich werde zum Geist meiner Schwester gehen und mit ihr leben.
> Dort gibt es Wild in Hülle und Fülle
> und nirgendwo die Spur eines Weißen Manns.«

Bei Einbruch der Nacht verlassen wir Big Cypress – voller Freude, daß wir dazu beigetragen haben, den Gehstock heimzubringen, dorthin, wo er immer sein wollte. Wir fühlen uns jetzt im Frieden mit dem Magier, der ihn gemacht hatte – aber trotzdem sind wir Buffalo Jim dankbar für seine schützende Medizin aus den Everglades.

T OM PORTER ✳ Mohawk

Tom Porter, Bären-Clan-Häuptling der Mohawk in Akwesasne im Staat New York, erzählt, wie er dem Rat der Alten folgte. Es ist eine wahre Geschichte.

Meine Großmutter war eine Seherin. Sie kam zu mir, als ich 17 oder 18 war, in dem Alter also, wo meine Vettern mich schon auf Kneipentouren mitnehmen wollten. Meine Großmutter war gegen Alkohol. Sie sagte: ›Wenn dir irgend etwas an mir liegt, trinkst du nicht.‹ Natürlich liebte ich meine Großmutter und wollte ihr auf keinen Fall Schande machen. Ich sagte zu ihr, ich tränke wenig und hätte nicht vor, damit anzufangen. Sie schaute mich an. Sie hatte eine besondere Art, einen anzuschauen, wenn sie über etwas Wichtiges sprechen wollte. ✳ ›Komm her‹, sagte sie. ›Es gibt da etwas, das dir ziemliches Kopfzerbrechen macht.‹ Ich setzte mich also zu ihr an den Tisch. Sie nahm eine Tasse mit etwas grünem Tee und sagte: ›Wir werden herausfinden, was das Problem ist, damit es nicht ein noch größeres Problem wird.‹ Sie schaute in die Tasse. Ihre Augen weiteten sich, als ob sie etwas in der Tasse sehen könnte, verborgene Dinge in der Zukunft. ✳ Meine Großmutter gab immer einen bestimmten Ton von sich, wenn ihr etwas offenbart wurde. Es klang wie *ohh-wahhhh-ahhh.* Das sagte sie jetzt, als sie in die Tasse schaute, und so wußte ich, daß es um etwas Wichtiges ging. ✻ Sie schaute mich mit diesem besonderen Blick an und sagte: ›Du hast vor, dir eine Frau zu suchen, hm?‹ Wieder ein Blick in die Tasse. ›*Ohhh! Ich kann einen Haufen Frauen dort sehen! Das* ist es also, was dir im Kopf rumgeht — Frauen!‹ Dann wurde ihre Miene besorgt. Sie deutete in die Tasse. ›Alle möglichen Frauen. Aber wenn du die falsche bekommst, wirst du in große Schwierigkeiten geraten. Du mußt aufpassen.‹ ✻ Sie kniff die Augen zusammen und zeigte mit dem Finger in die Tasse. ›Hier, schau dir diese hier an! Ein hübsches Mädchen. Hübscher Teint, wie eine Puppe. Gute Figur. Hübsche Locken. Dieses Mädchen wird sich neben dich stellen und ihre Brust an deiner Schulter reiben. Und du — oje! Du wirst nicht mehr wissen, wo hinten und vorne ist, denn eine Frau hat Macht. Besonders eine junge, hübsche Frau. Nun, du kannst mit ihr reden, aber laß dich nicht weiter auf sie ein..., denn sonst wirst du es bereuen. Du wirst dir die Augen ausweinen, wenn du dieses Mädchen heiratest.‹ ✻ Dann deutete meine Großmutter wieder in die Tasse und sagte: ›Oh, da ist eine andere! Sie ist etwas größer und hat glatte Haare. Sie wird ihre Beine an deinen reiben, und du wirst an nichts anderes mehr denken als an diese wunderbaren Beine. Du wirst glauben, daß sie gut für dich ist. Doch nach einer Weile wird sie an dir zerren und ziehen, und du wirst keine ruhige Minute mehr haben. Du wirst weinen, wenn du an dieser Frau hängenbleibst!‹ ✻ Wieder zeigte meine Großmutter in die Tasse. ›Oh, und hier ist noch eine mit einer guten Figur, aber ein bißchen kräftig. Und sie lacht wirklich gerne. Diese wird dich gleich mit ins Bett nehmen. Aber paß auf, sie will nur ihren Spaß haben. Sie ist keine gute Mutter und kann weder kochen noch nähen. Sie kann *gar nichts!* Eine Party nach der anderen, tanzen, lachen — das ist alles, was sie kann, also sieh dich vor.‹ ✻ Meine Großmutter schaute wieder in die Tasse und rührte kräftig im Teesatz. Und dann sagte sie: ›*Ohh-wahhhh-ahh!* Da ist eine — na, sie ist nicht besonders groß. Sie hat schwarze Haare, pechschwarz und so lang, daß sie darauf sitzen kann. Sie hat auch eine hübsche Figur, klein, aber hübsch. Sie steht ganz allein an der Straße, und sie wird sich nicht auf dich

stürzen. Sie kann alles kochen, auch echtes indianisches
Essen. Sie kann dir aus allem etwas nähen, deine Strümpfe
stopfen, und es macht ihr nichts aus, viel zu arbeiten. Sie ist
keine, die viele Worte macht. Das ist die Richtige für dich.‹ ❋ Ich
fragte meine Großmutter: ›Wo lebt sie? Drüben in Snye oder
St. Regis oder Cornwall Island? Oder vielleicht Raquette
Point?‹ Meine Großmutter sagte: ›Nein, sie ist nicht von hier.
Sie lebt ziemlich weit weg von hier.‹ ❋ ›Dann also ein Onon-
daga-Mädchen?‹ ›Nein, weiter, dort. wo die Sonne untergeht.
Warte auf dieses Mädchen! Doch es wird nicht nächsten Monat

sein, nicht nächstes Jahr, nicht in zwei Jahren. Es wird vielleicht noch zehn Jahre dauern. Aber wenn du auf *diese* warten kannst, wirst du während deiner Ehe nie eine Träne vergießen. Du wirst glücklich sein, ihr werdet nie streiten, ihr werdet ein perfektes Paar sein, *wenn du nur warten kannst!* Du wirst dieses Mädchen auf der Straße gehen sehen. Du wirst sie sofort erkennen. Du wirst wissen, *das ist sie!‹*

Nun, es ist genauso passiert, wie sie gesagt hat. Ich traf das Mädchen, das die ganze Zeit lachte, ich traf die, die mir ihren Busen an die Schulter drückte, und die, die ihre Beine an meinen rieb. Ich traf sie alle. Und jeder von ihnen entkam ich nur mit knapper Not. Dreimal stand ich kurz vor der Hochzeit, aber jedesmal wurde doch nichts daraus. Vor allem wegen meines Bekenntnisses zur Langhaus-Religion, der alten Religion. Zwei der Mädchen waren Christinnen, die dritte gehörte zwar zum Langhaus, doch es bedeutete ihr nicht soviel wie mir. Ich habe also keine von ihnen geheiratet. Ich wartete einfach. ✽ Viele Jahre vergingen, und ich dachte schon, ich heirate vielleicht nie. Eines Tages schließlich fuhr ich mit ein paar Bekannten nach Oklahoma zu einem Treffen mit den Choctaw. Nach dem Treffen fuhren wir einen der Choctaw nach Hause, und da, auf der Straße, gingen zwei Mädchen. Als wir an ihnen vorbeikamen, schauten sie zu uns her, und sofort rief ich: ›Da ist meine Frau! Genau da!‹ ✽ Ich hätte es nicht laut sagen sollen, aber ich war so überrascht, sie zu sehen! Wir boten ihnen an, sie mitzunehmen. Es waren Schwestern, Choctaw. Sie waren sehr schüchtern, und ich war es auch. Es ergab sich, daß ihr Bruder mit uns nach Lousiana mitfuhr. Die Schwestern weinten, als wir aufbrachen. Ich hatte gerade einen Halsschmuck aus Perlen gemacht, und ich gab ihn der, die meine Frau werden würde. Sie hieß Alice. ✽ Als wir in Lousiana waren, bat mich ihr Bruder, der nicht so gut schreiben konnte, seiner Mutter zu schreiben, daß alles geklappt hat. Ich schrieb auf, was er mir sagte, und legte dann noch einen kleinen Brief an seine Schwester bei: ›Hallo, Alice. Ich hoffe, du bekommst diesen Brief und es geht dir gut.‹ Das war alles. ✳ Dann bekam ihr Bruder einen Antwortbrief, und für mich lag eine Nachricht von Alice dabei. Sie schrieb: ›Hallo, Tom. Ich bekam deinen Brief. Es geht mir gut. Alice.‹ Das war alles. Also schrieb ich ihr zurück: ›Hallo, Alice. Ich bekam deinen Brief und freue mich, daß es dir gutgeht. Doch diesmal möchte ich wissen, ob du mich heiraten wirst. Tom.‹ ✳ In ihrem Antwortbrief, der etwa eineinhalb Wochen später eintraf, lag ein 10-Dollar-Schein. Sie schrieb: ›Hallo, Tom. Zu der Frage, ob ich dich heirate – ich möchte schon. Aber ich muß das mit den Schwestern und Brüdern meiner Mutter besprechen, und sie müssen zustimmen. Dann muß ich meinen Vater fragen. Wenn alle ja sagen, werde ich dich heiraten. Aber ich würde lieber bei den Mohawk als bei den Choctaw heiraten, denn bei Choctaw-Hochzeiten wird zuviel getrunken. Hier sind zehn Dollar. Wenn du einen schönen Stoff für ein Mohawk-Hochzeitskleid siehst, kauf ihn. Alice.‹ ✳ Und wir hatten noch nicht einmal Händchen gehalten! Doch ich war mir völlig sicher, daß sie diejenige war, die meine Großmutter in der Teetasse gesehen hatte. ✳ Ich kaufte also den Stoff, einen schönen marineblauen Baumwollsamt, und ich nähte ihr Hochzeitskleid. Wir haben es immer noch. Als ich mit meinen Bekannten nach Akwesasne zurückkam, war ich mit dem Kleid fertig. Ich sagte zu meiner Mutter: ›Ma, ich habe die Frau gefunden, die ich heiraten will.‹ ✳ Ich war schon 26, aber bei uns kannst du nicht heiraten, wenn deine Mutter nein sagt. Deine Mutter muß zustimmen, und in meinem Fall auch die Großmutter. Meine Mutter sagte: ›Na ja, du bist alt genug, um dich selbst zu kennen. Es ist deine Entscheidung.‹ ✳ Dann ging ich zu meiner Großmutter. ›Großmutter, ich habe endlich diese Frau gefunden.‹ ›Ahhh, du meinst, diese wirklich indianische Frau? Nun, du hast lange genug gewartet. Sie muß es sein.‹ ✳ Meine Tante fuhr also zu Alices Mutter, um die Zustimmung ihrer Familie zu bekommen und die Hochzeit vorzubereiten. Sie setzten ein Datum fest. Wir mußten jedoch das Datum zweimal verschieben, weil Verwandte von mir starben. Dann beim dritten Mal kam einer meiner besten Freunde in der Nacht vor der Hochzeit bei einem Autounfall ums Leben – am Tag zuvor hatte er noch mein Hochzeitshemd genäht. Ich heulte wie ein Schloßhund. Alles war für die Hochzeit vorbereitet, das Langhaus war schon voller Gäste . . . ✳ Meine Großmutter sagte: ›Wenn ihr die Hochzeit noch mal verschiebt, wird nichts mehr daraus. Dann werdet ihr zwei nie heiraten.‹ Meine Tanten sprachen also mit den Häuptlingen, und die fragten die Mutter meines toten Freundes. Sie meinte, wir sollten heiraten. ✱ Vor der Feier bat sie mich, ihr beim Ankleiden ihres toten Sohnes zu helfen. Ich nahm mein von ihm genähtes rotes Hochzeitshemd, und das zogen wir ihm an. Es wurde eine sehr traurige Hochzeit... ✱ Sofort nach der Feier begann die Totenwache für meinen Freund. Am nächsten Tag wurde er in meinem roten Hochzeitshemd begraben.

Wir sind jetzt fast zwanzig Jahre verheiratet. Haben vier Kinder. Und wir hatten niemals Krach, wir streiten nie. Wenn ich nach Onondaga muß und um zwei Uhr früh zurückkomme, steht meine Frau lächelnd an der Tür. Ich höre nie: »Wo zum Teufel warst du?« Sie sagt: »Du wirst müde sein.« Sie ist die perfekte Ehefrau. Ich bin froh, daß ich auf meine Großmutter gehört habe. Deshalb sage ich immer: ›Folgt dem Rat der Alten.‹«

THOMAS BANYACYA ✳ Hopi

Das findet ihr auf keiner Karte mehr«, verkündet Tom Banyacya junior, als wir einer kaum sichtbaren Spur durchs Gebüsch
folgen. Wir sind in einer der heiligsten Landschaften Amerikas, für die Hopi der Mittelpunkt ihres Universums: *Big
Mountain* auf der *Black Mesa* im nordöstlichen Arizona, wo
uralte Zeremonien nicht nur für den örtlichen Regenfall,
sondern für Gleichgewicht und Harmonie der gesamten Natur
sorgen. Wir wollen zu Thomas Banyacya senior, dem berühm-
ten Interpreten der Hopi-Prophezeiungen, der in New Oraibi
am Fuß der Dritten Mesa der Hopi lebt; doch zunächst führt
uns sein Sohn auf eine »obligatorische« Tour durch das nahe
Big-Mountain-Gebiet, 720 000 Hektar Wüsten-Hochplateau,
wo seit vielen Generationen vor allem Navajo mit ihren Schaf-
herden leben. ✳ 1962 war dieses Gebiet von einem US-Bundes-
gericht zur *Joint Use Area* – Land zur gemeinsamen Nutzung
durch Hopi und Navajo – bestimmt worden; doch 1974 verab-
schiedete der Kongreß, angeblich im Interesse der Hopi[14], das
Gesetz 93-531, das die *Joint Use Area* in gleich große Hälften
für Hopi und für Navajo teilte und die Umsiedlung der dort
Lebenden in die jeweils »richtige« Hälfte befahl. Was für eine
uninformierte Öffentlichkeit wie eine praktische Lösung des
»Hopi-Navajo-Landkonflikts« aussah, wurde zur größten
Zwangsumsiedlung von Menschen in den USA seit der Inter-
nierung der Japaner im Zweiten Weltkrieg: Man errichtete
einen 460 km langen Zaun und zwang mehr als 10 000 traditionelle Navajo, ihr Land auf der »falschen« Seite des Zauns zu
verlassen. Als Ende der siebziger Jahre Navajo-Frauen begann-
nen, gegen den Zaun und die Bauarbeiter, die ihn errichteten,
vorzugehen, kamen Tausende von Indianern – darunter die
meisten traditionelle Hopi – und weißen Unterstützern in

einer »Stoppt die Umsiedlung«-Bewegung zusammen, die bis heute aktiv ist. 1990, vier Jahre nach unserem ersten Besuch und nach dem im Gesetz 93-531 festgesetzten Termin für das Ende der Umsiedlung, halten immer noch etwa 250 Navajo-Familien unbeirrbar an »diesem Land, wo unsere Nabelschnüre begraben sind«,[15] fest. ✳ »Wenn ihr mit meinem Dad reden wollt«, erklärte Tom junior, »müßt ihr über Big Mountain Bescheid wissen. Der Weiße Mann begreift nicht, daß dieses Gebiet eine Kathedrale ist. Es ist unser Jerusalem. Es ist außerdem die Lagerstätte riesiger Kohle-, Uran- und Ölschiefervorkommen – und deshalb haben die großen Energiekonzerne den Kongreß dazu gebracht, das Gesetz zur Umsiedlung der Navajo zu verabschieden. Sie reden vom ›Hopi-Navajo-Landkonflikt‹, doch alle wissen, warum sie die Indianer vertreiben wollen: Sie wollen sich holen, was unter deren Land liegt.« ✳ In einem verwitterten einräumigen Haus weit draußen im Buschland besuchen wir drei Navajo-Familien, die hier unter einem – durchhängenden – Dach leben. Als sie uns sieht, klagt eine alte Großmutter halb schreiend, halb weinend auf Navajo die Regierung der Vereinigten Staaten an: »Sie sperrten uns das Wasser, sie lassen uns keinen neuen Raum anbauen, sie lassen uns nicht mal zerbrochene Fensterscheiben reparieren! Sie haben uns unsere Schafe weggenommen, und wir haben keine Wolle mehr für Teppiche und Decken. Sie versuchen, uns alle umzubringen – doch das werden sie nie schaffen!« ✳ Danach bringt uns Tom zu seinem Vater. 1948 hatten die Ältesten der Dritten Mesa Banyacya und drei andere

junge Männer zu ihren »Ohren und Zungen« ernannt, um der
Welt von einigen unheilvollen Warnungen in den Prophezeiungen der Hopi zu berichten: von dem »Haus aus Mica« (inter-
pretiert als die UNO), von dem mit Asche gefüllten Kürbis (die
Atombombe) und von einer weltweiten Katastrophe, einer
»Reinigung«, zu der es unfehlbar kommen wird, wenn die
Menschheit nicht von ihrem zerstörerischen Tun abläßt. Thomas Banyacya senior, jetzt Anfang Achtzig, ist der einzige
noch lebende der vier Interpreten und einer der Hauptsprecher
der traditionellen Indianer.

DIE ERSTEN MENSCHEN

»Wir sind die ersten Menschen hier. Wir sind die Eingeborenen
dieses Kontinents. Wir leben hier mit der Erlaubnis des Großen Geistes. Jetzt verabschiedet euer Kongreß Gesetze, die uns
befehlen, wo wir zu leben haben. Aber das oberste Gesetz des
Landes ist das Gesetz des Großen Geistes, nicht das des
Menschen. Euer Kongreß kann uns nicht befehlen, wo wir
leben. Nur der Große Geist kann das.«

DER ASCHEN-KÜRBIS

»Es gibt keinen ›Hopi-Navajo-Landkonflikt‹. Es gibt nur die
grenzenlose Gier des Weißen Mannes. Wir ›Traditionellen‹
erkennen die Hopi- und Navajo-Stammesräte nicht an, die
eure Regierung als Marionetten eingesetzt hat, damit sie euch
unser Land überschreiben. Alles nur deshalb, weil die Energiekonzerne die Kohle wollen und vor allem das Uran, um
Nuklearwaffen zu bauen. Unsere Prophezeiungen sprechen
von diesen Waffen. Sie nennen sie den ›Kürbis voller Asche‹,
den der Weiße Mann hierhin und dorthin schleudern und
damit ein Feuer im Himmel entfachen wird, das niemand
löschen kann. Wenn ihr nicht aufhört mit dem, was ihr tut,
wird die Natur eingreifen. Es werden Kräfte ins Spiel kommen,
über die ihr keinerlei Kontrolle habt. All diese Erdbeben und
Vulkanausbrüche und Brände und Wirbelstürme sind die
letzten Zeichen, die letzten Warnungen. Unsere Prophezeiungen sagen auch, daß im letzten Stadium der Weiße Mann unser
Land stehlen wird. Und all das geschieht jetzt. Wir beten und
meditieren und bitten den Großen Geist, die Welt noch ein
wenig länger zusammenzuhalten. Doch die Kräfte der Reinigung sind schon auf dem Weg.«

URAN UND BLITZE

»Wir wollen diese Waffen nicht, die ihr aus dem Uran macht. Wir wollen nicht, daß ihr das Uran aus unserem Land holt. Wenn ihr das Uran entfernt, kommen die Blitze nicht mehr, die den Regen bringen – das Uran zieht die Blitze an. Ihr habt kein Recht, uns die Blitze zu nehmen!«

HÜTER UND VERWALTER

»Die Navajo helfen den Hopi, das Land zu behüten. Wir wollen nicht, daß sie gehen. Dies ist auch *ihr* heiliges Land. Wer gehen muß, ist der Weiße Mann. Der Große Geist machte uns zu Verwaltern dieses Landes. Wir kümmern uns darum mit unseren Gebeten und Zeremonien. Ihr dagegen vergiftet und vergewaltigt und zerstört das Land mit eurem Kohlentagebau, den Uranabraumhalden und den Kraftwerken – alles auf heiligem Land! Und ihr versucht, die letzten paar Indianer zu verjagen, damit sie euch bei dieser schmutzigen Arbeit nicht im Weg stehen.«

WAS IHR TUN KÖNNT

»Ihr fragt mich, was ihr tun könnt? Hebt das Gesetz 93-531 auf.
Es ist euer Gesetz, nicht unseres. Euch macht es Schande,
nicht uns. Ihr habt es in Kraft gesetzt, setzt es jetzt außer
Kraft. Sagt eurem Präsidenten, euren Senatoren, euren Kon-
greßabgeordneten, daß sie dieses Völkermord-Gesetz aufheben müssen!

Laßt uns in Frieden und Harmonie leben, um das Land und
alles Leben im Gleichgewicht zu halten. Nur Gebet und
Meditation können dies tun.«

DER KREIS UND DAS KREUZ

»Unsere Prophezeiungen sprechen von weißen Menschen. Sie
waren einst unsere Brüder, die nach Osten gingen. Dort lernten
sie alles über Erfindungen. Es war vorgesehen, daß sie mit den
Erfindungen hierher zurückkommen und uns zu einem besseren Leben verhelfen, daß sie unseren spirituellen Kreis vollen-
den. Aber statt des Symbols des Kreises brachten sie das des
Kreuzes. Der Kreis führt Menschen zusammen, das Kreuz
trennt sie voneinander. Das Kreuz spaltet. Und das haben sie
mit uns Indianern vor. Sie wollen uns ans Kreuz hängen – an
ein Kreuz aus Uran!«

U NCLE FRANK DAVIS ✱ Pawnee

Zu viele Stühle stehen um den wackeligen Küchentisch – ein Tisch, an dem alle willkommen sind: Familienmitglieder, Freunde und auch fremde Besucher wie wir. Hier wurden Geschichten erzählt, Klatsch ausgetauscht, Herzen ausgeschüttet und vor allem die alten Legenden weitergegeben. Onkel Frank, wie er liebevoll genannt wird – sein indianischer Name ist »Fancy Warrior« –, setzt sich auf seinen Lieblingsstuhl und bedeutet uns, ebenfalls Platz zu nehmen. »Es ist genug für alle da«, sagt er, »der Kaffee ist gleich fertig.« ✱ Mehrere Pawnee haben uns gesagt, Uncle Frank, ein Leiter der Peyote-Zeremonie,[16] sei der bedeutendste spirituelle Älteste dieser Gegend – doch er bestreitet, irgendein besonderes Wissen zu besitzen. »Es gibt bei uns keine wirklichen Medizinmänner mehr. Die Weißen mögen manchen Medizinmann nennen, doch das macht ihn noch nicht zum Medizinmann in den Augen der Indianer. Ich bin nicht einmal ein Häuptling, und ich möchte auch keiner sein.« Er redet nur ungern über die Peyote-Zeremonie. »Die Weißen verstehen Peyote einfach nicht. Doch da gibt es kein Geheimnis. Peyote ist einfach eine heilige Pflanze, die dem Geist hilft, sich bestimmten Schwingungen zu öffnen. Sie sollte nie mißbraucht werden. Das würde sie kränken, und sie könnte dich dann sogar töten.« Er erwähnt, daß er das Peyote für seine Zeremonien in Texas sammelt, und setzt zu zusätzlichen Erklärungen an, doch dann entschließt er sich anders und weist mit einer Geste weitere Fragen zu diesem Thema zurück. ✱ Seine Frau ist kürzlich gestorben, und Andenken einer langen Ehe bedecken jeden

verfügbaren Platz an der Wand. Die Fenster sind, als Zeichen der Trauer, mit dunklen Vorhängen verhüllt. Die Gegenwart der Verstorbenen ist deutlich spürbar. Auf ihrem Stuhl liegt ein Telefonbuch, als wolle man andere daran hindern, sich dort hinzusetzen. Dennoch lächelt Uncle Frank, sichtlich froh, eine Weile von seinen traurigen Erinnerungen abgelenkt zu werden. ✽ »Es geht euch also um Weisheit. Nun, ich werde euch eine Geschichte erzählen. Aber vergeßt nicht, es ist nur eine Geschichte.«

DER PFAD DER WEISHEIT

»Meine Mutter war eine gute Frau. Für mich war sie die weiseste Person auf der ganzen Welt. Also fragte ich sie eines Tages – ich war vielleicht sechs oder sieben –, wie ich so weise wie sie werden könne. Sie brach in Lachen aus und meinte, ich sei noch reichlich jung für eine solche Frage. Aber, sagte sie, da ich nun gefragt hätte, würde sie auch antworten. ✽ ›Das Leben ist wie ein Pfad‹, sagte sie und lächelte zu mir herunter, ›und wir müssen alle diesen Pfad entlangwandern. Wenn wir uns hinlegen, liegen wir sogar auf dem Pfad. Und jeden Morgen müssen wir aufstehen und unseren Weg auf diesem Pfad fortsetzen. Beim Gehen werden wir immer wieder Erfahrungen wie kleine Papierschnipsel vor uns liegen sehen. Wir müssen diese Papierschnipsel aufheben und in die Tasche stecken. Jedes Stück Papier, auf das wir stoßen, sollte in die Tasche gesteckt werden. Dann eines Tages können wir diese Stücke zusammensetzen, und wenn wir schon genügend davon haben, ergeben sie einen Sinn. Lies die Information und bewahre sie im Herzen. Dann stecke die Papierschnipsel wieder in die Tasche und gehe weiter, denn es werden noch mehr auf dem Weg liegen. Später kannst du sie wieder herausnehmen und studieren und vielleicht ein wenig mehr lernen. Wenn wir das unser ganzes Leben lang tun, wissen wir, zu welcher Zeit wir die Schnipsel herausnehmen und mehr der Botschaft lesen sollen. Je mehr wir lesen, desto mehr begreifen wir den Sinn des Lebens. Wir können weise werden – oder zumindest weiser, als wir zuvor waren.‹« Uncle Frank scheint bei diesen Worten seine Mutter vor sich zu sehen und ihre Worte zu hören. »Sie sagte: ›Aber wenn wir nie diese Papierschnipsel aufheben und sie nie lesen, werden wir nie weiser werden. Das Leben wird uns immer ein Rätsel bleiben, und wir werden nie die Weisungen des Schöpfers erfahren. Doch vergiß eines nicht: Selbst wenn wir all diese Schnipsel aufheben, haben wir nicht ausgelernt. Niemand kennt je alle Antworten.‹« ✱ Uncle Frank beugt sich vor. »Ich habe immer versucht, diese Papierschnipsel aufzuheben, so wie mir das meine Mutter gesagt hat.« Er lächelt, kichert fast. »Habe allerdings ein paar übersehen. Deshalb ergab manches einfach keinen Sinn. Ich versuche immer noch herauszufinden, was auf diesen fehlenden Teilen stand.« ✱ Er lehnt sich wieder zurück. Das Lächeln verschwindet. Tränen treten ihm in die Augen. »Letzte Nacht sah ich meine Frau«, murmelt er. »Sie kam im Traum. Ich wußte, daß sie es war. Sie stand auf der anderen Seite einer breiten Straße und rief meinen Namen. Sie sagte, sie wolle bei mir sein, aber sie könne diese Straße nicht überqueren. Sie streckte die Hand zu mir aus. Sie ruft mich.« In dem abgedunkelten Raum ist sein Gesicht nur noch in Umrissen zu erkennen. »Ich vermisse sie so. Ich glaube, ich werde bald hinübergehen.«

LEON SHENANDOAH ✳ Konföderation der Sechs Irokesen-Nationen

Er trägt einen sehr alten Titel: *Tadodaho*, Vorsitzender oder »Sprecher des Hauses« der fünfzig gleichberechtigten »Friedenshäuptlinge«, die den Großen Rat der Konföderation der Sechs Irokesen-Nationen im Norden des Staats New York bilden. Diese Konföderation – ursprünglich Mohawk, Seneca, Onondaga, Oneida und Cayuga, später auch Tuscarora – wurde im 15. Jahrhundert von einem Propheten namens Peacemaker gegründet, der den Irokesen, die sich damals bekriegten, ein »Großes Gesetz des Friedens« brachte. Nur einer stellte sich dem friedlichen Zusammenschluß in den Weg: der ursprüngliche Tadodaho, ein finsterer Onondaga-Magier mit Haaren aus Schlangen. Um ihn zu besänftigen und in den Schoß der Union zu bringen, machte *Peacemaker* Onondaga zur Hauptstadt der Föderation und die vierzehn Häuptlinge der Onondaga zu »Hütern des Inneren Feuers« – ein Feuer, das bis heute im Onondaga-Langhaus brennt. ✳ Über 200 *Tadodahos* hat es seitdem gegeben, und heute ist Leon Shenandoah, zuvor *Faithkeeper* des Aal-Clans der Onondaga, Träger des ehrwürdigen Titels und Amtes. »Ich diene jetzt nicht mehr einem einzigen Clan«, sagt er uns. »Der *Tadodaho* muß seine Clan-Interessen aufgeben und für alle Völker der Konföderation dasein.« ✳ 1971, kurz nachdem er *Tadodaho* geworden war,

kam er landesweit in die Schlagzeilen, als er gegen die Straßenarbeiter vorging, die eine zusätzliche Fahrspur an der Interstate 81, die das Onondaga-Land durchschneidet, bauen wollten. Shenandoah zog mit seinem zeremoniellen »Kondolenzstab«, dem Amtsstab der Irokesenhäuptlinge, eine Linie über die Straße und erklärte: »Die Vereinigten Staaten enden hier!« Dann leitete er einen zweimonatigen Sitzstreik auf der Baustelle im Angesicht schwerbewaffneter Polizisten. Schließlich wurde vereinbart, den Highway nur um etwa einen Meter zu verbreitern. Die Polizisten wurden übrigens danach zum Attica-Staatsgefängnis geschickt, wo sie einen Gefange-

nenaufstand blutig niederschlugen. ✱ »Diese Kugeln galten uns«, erinnert sich Shenandoah. »Die Gefangenen in Attica wurden an unserer Statt getötet. Genauso war das bei den Büffeln, man tötete sie an unserer Stelle. Hätten sie auf niemanden sonst schießen können, gäbe es uns heute nicht mehr.« ✱ Er sitzt pfeifenrauchend am Eßzimmertisch seines gemütlichen Holzhauses. Seine Frau Thelma bringt uns Kaffee und lächelt uns zu. Kinderlachen hallt durchs Haus – die Shenandoahs haben über ein Dutzend Enkel, von denen mehrere hier leben. ✱ Wir sprechen über Kämpfe, über Gewalt und Gewaltlosigkeit. »Was hat am meisten Macht?« fragen wir. Häuptling Shenandoah überlegt und schließt dabei kurz die Augen. Schließlich sagt er:

DIE GRÖSSTE MACHT

»Ich selbst habe keine Macht. Die Leute, die hinter mir stehen, haben die Macht. Wirkliche Macht kommt nur vom Schöpfer. Sie liegt in Seinen Händen. Wenn ihr jedoch Stärke, nicht Macht meint: Die größte Stärke ist Güte.«

DANKEN

»Religion besteht für uns darin, dem Schöpfer zu danken. Das bedeutet Beten für uns. Wir erbitten nichts von Ihm, wir danken Ihm. Wir danken Ihm für die Welt und jedes Tier, jede Pflanze in ihr. Wir danken Ihm für alles, was existiert. Es ist für uns nicht selbstverständlich, daß ein Baum an einem bestimmten Platz steht. Wenn wir dem Schöpfer nicht für diesen Baum danken, nimmt Er ihn uns vielleicht. Darum geht es in unseren Zeremonien, darum sind sie wichtig – selbst für euch, den Weißen Mann. Wir beten für die Harmonie der ganzen Welt. Wir glauben, daß das Ende der Welt kommt, wenn wir nicht unsere Zeremonien im Langhaus abhalten. Unsere Zeremonien halten die Welt zusammen. Manche Leute werden vielleicht darüber lachen, doch es ist wahr. Der Schöpfer will unseren Dank. Er hört uns, wenn wir Ihm im Langhaus für die Schöpfung danken, und so hält Er die Zerstörung der Welt noch ein wenig auf.«

WILD UND FREI SEIN

»Wärt ihr Weißen nicht gekommen, wäre das Land noch so, wie es war. Alles hier wäre unversehrt.

Ihr sprecht von Wildnis, doch die Wildnis war nicht wirklich wild – sie war frei. Tiere sind nicht wild, sie sind frei.

Und so waren auch wir ›Wilden‹ einfach freie Menschen! Wären wir blutrünstige Wilde gewesen, hätte Kolumbus diese Insel nicht mehr lebend verlassen.«

WAS KOMMEN WIRD, IST SCHON DA

»Unsere Prophezeiungen sagen, das Ende der Welt sei nahe, wenn die Bäume vom Wipfel her absterben. Das geschieht jetzt mit den Ahornbäumen. Es heißt, die Zeit wird kommen, wo es keinen Mais gibt, wo nichts in den Gärten wächst, wo das Wasser so schmutzig ist, daß man es nicht trinken kann. Und dann wird sich ein großes Monster aus dem Wasser erheben und die Menschheit vernichten. Ein Name des Monsters ist »die Krankheit, die dein Inneres auffrißt« – wie Diabetes oder Krebs oder AIDS. Vielleicht ist AIDS das Monster. Es ist auf dem Weg. Es ist schon hier. Unser Prophet *Handsome Lake* sprach im 18. Jahrhundert darüber. Er sah Vier Wesen aus den Vier Himmelsrichtungen kommen. Sie sagten ihm, was geschehen würde, sprachen von Krankheiten, von denen wir nie etwas gehört hatten. Ihr werdet viele Tränen in diesem Land sehen. Dann wird ein großer Wind kommen, ein Wind, gegen den ein Hurrikan nur ein Hauch ist. Er wird die Erde reinigen und in ihren früheren Zustand zurückversetzen.«

105

GÄSTE DES SCHÖPFERS

»Wir sind von Mutter Erde gemacht und gehen zurück zu Mutter Erde. Wir können Mutter Erde nicht ›besitzen‹. Wir sind hier nur Besucher, Gäste des Schöpfers. Er hat uns eingeladen, eine Weile hier zu bleiben – und wir haben seine Schöpfung ruiniert. Er muß ja zornig sein – und er ist es.

Ich arbeite für die Schöpfung. Ich weigere mich, an ihrer Zerstörung mitzuarbeiten.«

WIE WIR DIE STERNE VERLOREN

»Der Weiße Mann nahm uns die Sterne. Ja wirklich, er stahl sie. Bevor der Weiße Mann kam, richteten wir uns nach den Sternen. Sie sagten uns, wann wir jagen oder fischen gehen sollen. Jeder Stern hatte einen Namen. Dann gabt ihr uns Kalender und Uhren und Fahrpläne, und wir vergaßen die Sterne. Bei unseren Zeremonien und beim Gartenbau folgen wir jetzt nur noch dem Mond und der Sonne. Wir wissen kaum noch etwas über die Bewegung der Sterne und was sie bedeuten. Ihr habt uns dieses Wissen genommen. Doch davon steht nichts in euren Geschichtsbüchern. Ihr wißt nicht einmal, daß ihr es gestohlen habt!«

DER EINZIGE WEG

»Alles ist für dich bereitgestellt. Der Weg ist direkt vor dir. Manchmal unsichtbar, doch immer vorhanden. Du weißt vielleicht nicht, wohin er führt, doch trotzdem mußt du ihn weitergehen. Es ist der Weg zum Schöpfer, der einzige Weg.«

REDE AN DIE VOLLVERSAMMLUNG DER VEREINTEN NATIONEN

»Brüder, hört auf die Worte des Schöpfers, die den ersten Vereinten Nationen, den *Haudenosaunee*, vor über tausend Jahren gegeben wurden. ❋ Die Führer der *Haudenosaunee* sollen für alle Zeit Ratgeber der Menschen sein. Ihre Haut soll sieben Spannen dick sein, damit sie gegen Zorn, Angriffe und Vorwürfe gewappnet sind. Ihr Herz soll friedfertig und freundlich sein, und ihre Gedanken sollen dem Wohlergehen des Volkes gelten. Mit grenzenloser Geduld sollen sie ihrer Pflicht nachkommen. Ihre Unbeugsamkeit soll durch Liebe zu ihrem Volk gemildert werden. Weder Ärger noch Wut sollen in ihnen Platz finden, und all ihre Worte und Taten sollen sich durch Ruhe und Besonnenheit auszeichnen. ❋ In jeder Nation gibt es weise und gute Männer. Diese sollten zum Häuptling ernannt werden. Sie sollten die Berater ihres Volks sein und zum Wohle aller arbeiten. Ein Häuptling darf nie vergessen, den Schöpfer um Hilfe zu bitten. Der Schöpfer wird unsere Gedanken leiten und uns Kraft geben, gemäß unserem heiligen Auftrag die Harmonie zwischen allen Menschen, allen Lebewesen und Mutter Erde wiederherzustellen... ❋ Wir wurden angewiesen, einander zu lieben und allen Wesen dieser Erde mit großem Respekt zu begegnen... ❋ Für uns ist spirituelles Bewußtsein die höchste Form der Politik... ❋ Wenn die Menschen das Leben nicht respektieren und dafür danken, wird alles Leben vernichtet werden, und es wird keine Menschen mehr auf diesem Planeten geben.

Dies ist unsere Zeit und unsere Verantwortung. Jeder Mensch hat eine heilige Pflicht, das Wohlergehen unserer Mutter Erde, von der alles Leben kommt, zu schützen. Um das zu tun, müssen wir den Feind erkennen — den Feind in uns. Wir müssen bei uns selbst beginnen...

Wir müssen in Harmonie mit der natürlichen Welt leben und erkennen, daß unmäßige Ausbeutung zwangsläufig zu unserer eigenen Vernichtung führt. Wir können nicht das Wohlergehen unserer zukünftigen Generationen gegen den jetzigen Profit tauschen. Wir müssen uns nach dem Gesetz der Natur richten — oder Opfer seiner unabänderlichen Wirklichkeit werden. ❋ Wir, die vier heiligen Farben der Menschheit, müssen als die eine Familie, die wir sind, um des Friedens willen

zusammenstehen. ✳ Wir müssen die nuklearen und konventio-
nellen Waffen abschaffen. ✳ Wenn Krieger Führer sind, wird
Krieg geführt werden. Wir müssen Menschen des Friedens zu
Führern machen. ✳ Wir müssen die Religionen der Welt vereinen, als spirituelle friedensstiftende Kraft.

Es genügt nicht mehr, ›Frieden‹ zu schreien. Wir müssen
Frieden schaffen und leben und im Bündnis mit allen Menschen
friedlich vorwärtsschreiten.

Wir sind die spirituelle Energie, die tausendmal stärker als
Nuklearenergie ist. Unsere Energie ist der Wille *aller* Menschen und des Geistes der natürlichen Welt, mit Körper, Herz
und Geist einmütig für Frieden einzustehen. ✳ Als Resolution
für den Frieden schlagen wir vor, daß der 24. Oktober zum Tag
des Friedens erklärt wird und ein weltweiter Waffenstillstand
erfolgt, zu Ehren unserer Kinder und der Siebten kommenden
Generation.

Day nay toh,

Tadodaho Leon Shenandoah, Haudenosaunee
Konföderation der Sechs Irokesen-Nationen
25. Oktober 1985

DEWASENTA

Tadodaho Leon Shenandoahs Schwester Dewasenta ist seit
dreißig Jahren Clan-Mutter des Aal-Clans der Onondaga.

»Wenn der Häuptling eines Clans fällt – wir sagen ›fallen‹ statt
›sterben‹ –, wählen die Clan-Mütter dieses Clans und ihre
Familie einen neuen Häuptling. Wir sprechen über alle in
Frage kommenden Männer, und dabei werden wir uns einig,
wer der Geeignetste ist. ✱ Der zukünftige Führer muß
bestimmte Qualifikationen haben. Er muß ehrlich sein. Er
muß *Hoeyianah*, Rechtschaffenheit, besitzen. Er muß sehr
engagiert sein und das Richtige für seine Leute tun. Er darf
kein Schürzenjäger sein. ✱ Die Clanmutter kann einen Häuptling absetzen. Wenn er eine Frau ›zwingt‹ – wir sagen nicht
›vergewaltigen‹ – und wenn er stiehlt oder tötet, wird er sofort,
ohne Vorwarnung, abgesetzt. Wenn sein *Hoeyianah* abnimmt,
spricht die Clan-Mutter mit ihm. Sie muß ihn dreimal warnen.
Danach kann sie ihn, mit Zustimmung des Clans, absetzen.
Wenn sie selbst vom rechten Weg abweicht, kann der Clan
auch sie absetzen. ✱ Die Rolle der irokesischen Frauen ist heute
die gleiche wie eh und je. Einige unserer Frauen werden
Christinnen und halten nichts vom ›Kreis‹ des Langhauses.
Doch um Clan-Mutter zu sein, muß eine Frau zum Langhaus
gehören. Ohne sie wäre der ›Kreis‹ unterbrochen.«

IRVING POWLESS SENIOR * Onondaga

Alle wichtigen Treffen der Sechs-Nationen-Irokesen-Födera-tion beginnen mit der »Danksagung«. Es handelt sich dabei nicht um einen streng fixierten Text – jeder Sprecher formu-liert sie auf seine Weise. Die folgende Version sprach der – inzwischen verstorbene – Häuptling Powless im Oktober 1984 beim 200. Jahrestag des Vertrags von Fort Stanwyx in Rome, New York State. Sein Sohn Irving Powless junior hat sie aus der Onondaga-Sprache übersetzt.

Ich möchte euch begrüßen und auffordern, eure Gedanken zu sammeln und einmütig dem Schöpfer zu danken, daß wir alle wohlauf sind ... * Der Schöpfer hat vorgesehen, daß wir Ihm immer, wenn wir uns treffen, sei es Tag oder Nacht, seien wir viele oder wenige, für das danken, was Er uns gegeben hat. Der Schöpfer erschuf unsere Mutter Erde und gab ihr viele Pflich-ten, darunter die, für uns, sein Volk, zu sorgen. Er versah Mutter Erde mit vielen Dingen zu unser aller Wohl. Und wenn wir heute durchs Land fahren, sehen wir, daß unsere Mutter Erde weiter ihre Pflicht tut, und dafür sind wir sehr dankbar. Laßt uns also unsere Gedanken sammeln und einmütig dan-ken. So sei es ... * Der Schöpfer pflanzte Gräser und Kräuter auf Mutter Erde. Manche von ihnen sind Heilmittel. Wir sind sehr dankbar, daß sie noch hier sind und ihren Pflichten nachkommen. Deshalb laßt uns unsere Gedanken sammeln und einmütig den Gräsern, Kräutern und Heilmitteln danken. So sei es ... * Der Schöpfer pflanzte auch Bäume und Sträucher auf Mutter Erde zum Wohle aller. Aus dem Saft des Ahorns machen wir Zucker und Sirup. Und bei unserem Weg durch das Jahr sehen wir, daß die Bäume und Sträucher weiter ihre Pflicht tun. So laßt uns unsere Gedanken sammeln und ein-

mütig dankbar sein, daß Bäume und Sträucher noch da sind. So sei es . . . ✱ Der Schöpfer ließ auf Mutter Erde Beeren und Pflanzen wachsen, die wir essen können. Wir brauchen sie nur zu pflücken. Die Erdbeeren werden als erste reif, und der Erdbeersaft ist eine Medizin für uns. Bei unserem Weg durch das Jahr sehen wir, daß die Beeren und Pflanzen weiter ihre Pflicht tun zum Wohle aller. So laßt uns unsere Gedanken sammeln und einmütig den Beeren und Pflanzen danken. So sei es . . . ✱ Der Schöpfer brachte Tiere auf die Erde. Tiere geben uns Nahrung und Kleidung, ja sogar das Material für unsere Wampume. Der Anführer der Tiere ist für uns der Hirsch. Und wenn wir uns umblicken und sehen, daß die Tiere noch hier sind und ihre Pflicht tun, sind wir sehr dankbar. In Dankbarkeit vereinen sich unsere Gedanken. So sei es . . . ✱ Der Schöpfer brachte auch Vögel auf die Erde, kleine Vögel und große. Auch sie haben eine Pflicht. Ihr Anführer ist der Adler, und seine Aufgabe ist es, weit oben zu fliegen und über uns zu wachen. Die kleineren Vögel singen zu uns und dienen uns als Nahrung. Und wenn wir uns umblicken, sind wir den Vögeln dankbar, daß sie noch hier sind und nie ihrer Pflicht müde werden. So laßt uns unsere Gedanken sammeln und einmütig den Vögeln danken. So sei es . . . ✱ Der Schöpfer gab uns lebensspendende Nahrungsmittel. Wir brauchen nur Samen in Mutter Erde zu pflanzen, und sie läßt sie wachsen. In diesem Sommer haben wir wieder gesät, und die Pflanzen wachsen. Dafür sind wir sehr dankbar. So laßt uns unsere Gedanken sammeln und einmütig den Nahrungsmitteln danken, die uns ernähren. So seien unsere Gedanken . . . ✱ Der Schöpfer gab uns den Wind. Er sorgt dafür, daß er gewöhnlich nicht zu heftig weht, doch manchmal läßt Er ihn als Wirbelsturm kommen, um die Menschen daran zu erinnern, daß sie die Erde nicht beherrschen können. Und wir sehen, daß der Wind weiter seine Pflicht tut. Dafür sind wir dankbar. So laßt uns alle unsere Gedanken sammeln und einmütig dem Wind danken. So seien unsere Gedanken . . . ✱ Nachdem der Schöpfer all diese Dinge

geschaffen hatte, sagte Er: Es fehlt noch etwas. So erschuf Er
die Donnerwesen, unsere Großväter. Ihre Aufgabe ist es, die
Quellen mit frischem Wasser zu füllen, das wir trinken. Letzte
Nacht hörte ich wieder ihre Donnerstimmen. Wir sehen also,
daß die Donnerwesen weiter ihre Pflicht tun, und dafür sind
wir sehr dankbar. So laßt uns unsere Gedanken sammeln und
einmütig den Donnerstimmen danken. So seien unsere Gedanken... ✻ Der Schöpfer gab uns die Sonne, unseren älteren

Bruder. Er soll uns Wärme geben und der lebensspendenden
Nahrung, die wir in die Erde pflanzen, beim Wachsen helfen.
Und wie wir sehen, ging die Sonne heute morgen auf und
scheint über uns und hält uns warm. Unser älterer Bruder tut
seine Pflicht, und dafür sind wir sehr dankbar. So laßt uns alle
unsere Gedanken sammeln und einmütig der Sonne danken.
So seien unsere Gedanken... ✻ Der Schöpfer sagte, wir würden
Licht und Dunkelheit haben. In der Dunkelheit würden wir
schlafen und ausruhen. Doch ihr werdet auch eine Nacht-
Sonne haben, sagte Er. Ihr werdet sie Mond nennen. Der Mond
wird eure Großmutter sein. Sie wird auch besondere Pflichten

haben. Sie wird nachts dem Land Feuchtigkeit spenden. Sie wird außerdem die Gezeiten bewegen. Und neben dem Mond wird es Sterne geben. Die Sterne zeigen uns die Richtung, wenn wir unterwegs sind, und sagen uns, gemeinsam mit Großmutter Mond, wann wir unsere Zeremonien beginnen sollen. Wie wir letzte Nacht sahen, erfüllen Mond und Sterne weiter ihre Pflichten. Und dafür sind wir sehr dankbar. Laßt uns also alle einmütig den Sternen und dem Mond danken. So seien unsere Gedanken ... ❊ Als der Schöpfer seine Schöpfung betrachtete, sah Er, daß viele Dinge unserem Volk schaden können, daß uns viele Hindernisse im Weg stehen. Deshalb schickte Er uns Vier Beschützer, die über uns wachen und uns helfen, wenn es nötig ist. Wir geraten immer wieder in gefährliche Situationen. Daß wir der Gefahr, oft mit knapper Not, entrinnen, verdanken wir den Vier Beschützern, die noch über uns wachen und uns helfen. Und dafür sind wir sehr dankbar. Deshalb sammeln wir unsere Gedanken und danken einmütig den Vier Beschützern, daß sie ihre Pflicht tun. So seien unsere Gedanken ... ❊ Vor zwei Jahrhunderten sah der Schöpfer, daß wir uns von unserem Weg entfernten, wegen der Veränderungen, die der Weiße Mann gebracht hatte. So schickte Er uns eine Botschaft durch einen Häuptling namens *Handsome Lake.* Dessen Pflicht war es, uns auf den Weg des Schöpfers zurückzuführen. Wir hören heute immer noch seine Botschaft in unserem Langhaus. Wir behalten jedes Wort im Gedächtnis.

Und wir sind sehr dankbar dafür. So laßt uns alle unsere Gedanken sammeln und einmütig *Handsome Lake* danken, daß er seine Pflicht tat. So seien unsere Gedanken... ✱ Als der Schöpfer uns schuf, legte Er in jeden von uns ein Stück seines Herzens. Und Er will, daß sein Herz zu Ihm zurückkehrt. So schickt Er jeden Tag und jede Nacht Seine Liebe zu uns. Und Er fordert uns auf, die Pflichten zu erfüllen, die uns angewiesen wurden. Dafür sind wir sehr dankbar. So laßt uns unsere Gedanken sammeln und gemeinsam versuchen, die Menschen zu sein, die wir nach seinem Willen sein sollen. So sei es...

LOUIS FARMER ✳ Onondaga

Wir hatten den Onondaga-Häuptling Louis Farmer oft beim Langhaus und bei geselligen Treffen gesehen, doch immer, wenn wir zu ihm hinblickten, kam uns sein Gesicht finster vor. Andererseits gingen dauernd Leute zu ihm hin und plauderten, lachten, flüsterten. Offensichtlich liebten ihn alle. Seine finsteren Blicke galten ausschließlich Außenseitern, so als wolle er sagen: »Laßt mich in Ruhe. Ich habe genügend damit zu tun, mich um meine eigenen Leute zu kümmern.« Dann, im Mai 1986, rief uns unsere Freundin Maisie Shenandoah, Clan-Mutter des Wolf-Clans der Oneida, an und fragte, ob wir einen der Onondaga-Häuptlinge die 56 Kilometer zum Oneida-Land fahren könnten, damit er den Platz des neuen Langhauses und das Pflanzen der »Drei Schwestern« Mais, Bohnen und *Squash* – die traditionellen Hauptnahrungsmittel der Irokesen und auch anderer Indianer – segnen könne. Der Häuptling war Louis Farmer. Das war die Gelegenheit, auf die wir gewartet hatten. Als wir bei seiner uralten Blockhütte vorfuhren, stand Louis schon im Freien und wartete. Von dem vielen, was er uns während der Fahrt und bei den Oneida erzählte, blieben uns besonders die folgenden Worte im Gedächtnis:

EIN HÄUPTLING SEIN

»Wir Häuptlinge sind die Hüter des Inneren Feuers. Doch es ist
nicht nur ein Feuer von Holz und Flammen. Es ist das Feuer
hier drinnen (er deutete auf sein Herz) und ebenso hier (er
klopfte sich an die Stirn).

Ein gutes Herz und ein guter Verstand – das ist es, was ein
Häuptling braucht.«

TELEFONE UND TABAK

»Wer braucht schon ein Telefon? Das hier« – er nahm eine
Prise Tabak aus einem Beutel – »ist mein Kommunikations-
mittel. Besser als jedes Telefon. Telefone tragen deine Stimme
durch die Welt, doch nicht hoch zum Schöpfer. Wenn wir mit
dem Schöpfer reden wollen, verbrennen wir Tabak, und der
Rauch nimmt unsere Gebete bis zur Himmels-Welt mit. Welches Telefon kann das?«

INDIANISCHE RELIGION UND DIE RELIGION
DES WEISSEN MANNES

»Der Weiße Mann feiert etwas, das vor 2000 Jahren geschah.
Seitdem ist für ihn nichts Wesentliches mehr passiert. Er hat
nur die Erinnerung. Indianer feiern, was jetzt geschieht. Wenn
die Erdbeeren im Frühling herauskommen, feiern wir das. Für
uns sind das nicht nur Erdbeeren, die gut schmecken und einen
guten Saft liefern – das Wichtigste ist für uns, daß die Macht
des Schöpfers in ihnen ist. Sie machen uns gesund und stark.
Und wir wissen, wenn wir hinscheiden, wird unser Weg zur
Himmels-Welt mit Erdbeeren gesäumt sein. Wenn wir unser
Erdbeeren-Dankfest feiern, geht es um etwas, das jetzt und
mit uns geschieht – nicht um etwas, das vor langer Zeit jemand
anderem passierte. ✽ Im Spätfrühling pflanzen wir Mais und
Bohnen und *Squash*. Sie sind mehr als Pflanzen – wir nennen
sie die Drei Schwestern. Wir pflanzen sie dicht nebeneinander
in die Erde. Sie wollen zusammen sein, so wie wir Indianer.
Und solange die Drei Schwestern bei uns sind, werden wir nie
hungern. Sie feiern wir jetzt hier. Wir danken dem Schöpfer
für dieses Geschenk. Er schenkt sie uns immer wieder; er hat
mit seinen Geschenken nicht vor 2000 Jahren aufgehört.«

IM WALD RENNEN

»Wenn ein Indianer zwischen der Langhaus-Religion und dem
Christentum steckenbleibt und keinem von beiden folgt, sagen
wir: ›Er rennt im Wald‹. Er hat kein Zuhause, weder in der
indianischen noch in der Weißen Welt. Und so muß er immer
weiter rennen, obwohl er nicht weiß, wohin, Das ist ein
schrecklicher Zustand.«

MEDIZINMÄNNER

»Ihr wollt wissen, wer ein wirklicher Medizinmann ist? Das ist
einer, der nicht sagt: ›Ich bin ein Medizinmann‹. Er fordert
dich nicht auf, zu ihm zu kommen. Du mußt zu ihm gehen und
ihn fragen. Und ihr werdet feststellen, daß er immer bei
seinen eigenen Leuten lebt.

Er zieht nicht in die Stadt und macht eine Praxis auf. Sobald
ein Medizinmann sein eigenes Territorium verläßt, verliert er
den größten Teil seiner Macht. Alle heiligen Pflanzen, die er
kennt, wachsen dort, wo er herkommt. Er kennt die Pflanzen
nicht, die anderswo wachsen. Der Schöpfer gab ihm seine
Gabe, damit er seinen Leuten dient, nicht irgend jemand
anderem. Deshalb bleibt er zu Hause und hilft den Leuten
dort. So jemand ist ein wirklicher Medizinmann.«

EPILOG * Bis zur Siebten Generation

Wir begannen unsere Reise in das Amerika der Urbewohner mit einem drückenden Ballast von Mißverständnissen und Klischees – aufgelesen in Geschichtsbüchern, Westernfilmen und populären Mythen, die als Folge der vormaligen »Manifest Destiny«-Ideologie tief in der amerikanischen Psyche verwurzelt sind. Was wir glaubten »entdecken« zu wollen, war sehr verschieden von dem, was wir fanden. Wir spürten keine »Geheimnisse« auf, keine seelenbetörenden Gurus, keine Wunderheiler, keine bislang unbekannten Zeremonien. Wir lernten, daß das Leben selbst eine Zeremonie ist. Wir lernten von den Hütern der Weisheit eine andere Denkweise, die unsere Ansichten über die Erde, über Souveränität, Familie, Gemeinschaft und über die Zukunft veränderte. * Wir lernten, daß die Zukunft nicht irgendein abstraktes »Jenseits« ist, außer Reichweite und außerhalb unseres Vorstellungsvermögens. Die Zukunft ist, so lehrten uns die Weisen, hier bei uns, heute, im Hier und Jetzt – genaugenommen direkt hinter uns. Immer wieder sagte man uns: Dreht euch um und schaut, da ist sie, die Siebte Generation – sie folgt euch auf den Fersen. »Schaut über die Schulter«, sagte *Tadodaho* Leon Shenandoah, »schaut hinter euch.

Seht eure Söhne und Töchter. Sie sind eure Zukunft. Schaut weiter und seht die Kinder eurer Söhne und Töchter und deren Kinder, bis hin zur Siebten Generation. So haben wir es gelernt. Überlegt: Ihr seid selbst eine Siebte Generation!«

Diese unmittelbare und tief empfundene Beziehung zur Zukunft war für uns eine Offenbarung, die unseren bisherigen Standpunkt über den Haufen warf. Wir begriffen, daß wir selbst, in all unseren individuellen wie kollektiven Entscheidungen für die und gegenüber den Generationen verantwort-

lich sind, »deren Gesichter von unter dem Erdboden her kommen«. Sie werden bald auf denselben Wegen gehen wie wir, und wir müssen dafür sorgen, daß es noch einen Weg für sie gibt – und hoffentlich einen besseren als den, den wir vorfanden.

Entgegen der verbreiteten Ansicht, der traditionelle Kreis sei in Auflösung begriffen, erlebten wir genügend Beispiele seiner Erneuerung. Vor kurzem besuchten wir Mary Leitka, die Tochter der 1986 verstorbenen Hoh-Ältesten Leila Fisher. Wir saßen bis spät in die Nacht mit ihr am Küchentisch und unterhielten uns. Sie sprach über ihre Mutter. ✳ »Mom sagte mir immer, ich müsse mich vorbereiten und sie würde mir dabei helfen. Doch als sie starb, schien es, als wäre sie nie wirklich dazugekommen, mich angemessen zu unterrichten. Sie wußte so viel, und ich weiß so wenig. Dennoch höre ich ihre Worte immer wieder in meinen Gedanken. Sie sagte, es gäbe zwei Wege: den Weg des Schwarzen Gesichts – einer Gesellschaft innerhalb unserer Kultur – und einen anderen, mehr persönlichen Weg: zum Beispiel jeden Morgen im Fluß baden und an einem besonderen Ort sitzen und meditieren. ›Werde eins mit der Natur‹, sagte sie, ›werde eins mit dem Geist des

Flusses, des Adlers, des Lachses.‹ Dieser Weg würde mich zu
meiner Macht führen, zu meiner ›Hilfe‹, wie wir sagen.« ✱ Als
Leila Fischer beerdigt und ihre persönliche Habe verbrannt
wurde (nach Sitte der Hoh: nichts soll die verstorbene Person
an dieser Welt festhalten), sagten die wenigen noch lebenden
Familienältesten zu Mary, es sei ihre Aufgabe, bei dieser
Zeremonie das Lied ihrer Mutter zu singen. »Es war das Lied
meines Großvaters, und er hatte es an meine Mutter weitergegeben. Jetzt sollte ich das Lied der Familie bekommen. ✱ Alle
blicken jetzt auf mich. Ich weiß nicht warum, und es ist sehr
anstrengend für mich. Sie wissen nicht, wohin sie sich wenden
sollen, und so kommen sie zu mir und erwarten, daß ich weiß,
was zu tun ist. Ich habe sieben Kinder, und alle ihre Freundin-
nen und Freunde kommen hierher. Alle nennen mich Tante.
Sie sind mir willkommen – aber es ist anstrengend.« ✱ Vor
ihrem Tod sagte Leila zu Mary: »Kümmere dich um meine
Enkel, alle Enkel.« Heute bringt Mary den Jugendlichen die
alten Lieder und Tänze bei und gibt die Geschichten der Hoh
weiter, die sie in ihrer eigenen Kindheit gelernt hatte. »Vielleicht«, sagte sie, »läuft es darauf hinaus, mir einzugestehen,
daß Mom mir wirklich etwas gab und mich mein ganzes Leben
lang vorbereitet hat, ohne daß ich merkte, was sie tat.«

Während all unserer Reisen auf der Suche nach den Hütern der
Weisheit sahen wir immer wieder Aspekte desselben heiligen
Kreises, der im Mittelpunkt indianischen Lebens steht: Ein
Kreis ist der Zyklus der Jahreszeiten und Zeremonien, die
Familie, die Gemeinschaft, der Zusammenschluß der Ältesten,
der Zyklus der Generationen – alles Leben ist ein Kreis, in dem
die Menschheit nur ein Teil ist und alle Dinge *eins* sind. ✱ Der
Kreis des indianischen Amerika hat alle Eingriffe des Weißen
Mannes überdauert – und er wird weiterbestehen.

Nachtrag

Jeder Teil dieses Landes ist meinem Volk heilig . . . Selbst der Staub begegnet unseren Füßen liebevoller als den euren, denn er ist die Asche unserer Vorfahren . . . * Es gab eine Zeit, als unser Volk das Land bedeckte, wie die Wellen des vom Wind gekräuselten Ozeans den muschelgepflasterten Meeresboden bedecken. Doch jene Zeit ist längst vergangen, und die mächtigen Stämme sind jetzt nur noch traurige Erinnerung . . . * Und wenn der letzte Rote Mann von der Erde verschwunden sein wird und die Erinnerung an meinen Stamm nur noch ein Mythos für die Weißen Männer ist, werden sich an diesen Ufern die unsichtbaren Toten meines Stammes drängen . . . * Und wenn eurer Kinder Kinder sich allein glauben auf dem Feld, der Landstraße, in Laden und Werkstatt oder in der Stille der unberührten Wälder, werden sie nicht allein sein . . . * Nachts, wenn die Straßen eurer Städte und Dörfer still sind und ihr sie verlassen glaubt, werden sie bevölkert sein mit den heimkehrenden Scharen derer, die einst dieses schöne Land füllten und es immer noch lieben . . . * Der Weiße Mann wird nie allein sein . . . * Möge er gerecht sein und freundlich mit meinem Volk umgehen, denn die Toten sind nicht machtlos . . . * Sagte ich ›tot‹? Es gibt keinen Tod, nur einen Wechsel der Welten!

Häuptling Seattle, 1855
wiedergegeben von Dr. Henry Smith 1887

Anmerkungen des Fotografen

Fussnoten zur deutschen Ausgabe

1 In der Überlieferung der meisten indianischen Nationen ist Schöpfung ein Gemeinschaftswerk von Naturkräften, Himmelskörpern und Tieren: Coyote, Rabe, Schildkröte, Spinne ... Daß all diesen Wesen heute in manchen Erzählungen *ein* Gott als befehlsgebende Instanz übergeordnet wird, dürfte dem Einfluß der christlichen Missionierung zuzuschreiben sein.

2 Der Begriff »Älteste/r« bezieht sich nicht nur und nicht immer auf das Alter, sondern vor allem auf die gesellschaftliche Rolle: Älteste sind anerkannte spirituelle und politische Autoritäten und Sprecher/innen der »traditionellen«, d. h. sich zu ihrer Tradition – der angestammten Lebensweise, Regierungsform und Religion – bekennenden Indianer.

3 BIA = *Bureau of Indian Affairs* (Büro für indianische Angelegenheiten): 1824 als Abteilung des Kriegsministeriums gegründet, 1849 dem Innenministerium unterstellt, war und ist das BIA ein wesentliches Instrument der Unterwerfung und »Ent-Indianisierung« der Urbewohner und der Enteignung ihres Landes. Besonders berüchtigt: die BIA-Internatsschulen (vgl. S. 52 f.). Heute nimmt das BIA vor allem durch Finanzierungsprogramme Einfluß. Die traditionellen Indianer fordern weiterhin seine Abschaffung.

4 Der Sonnentanz ist die wichtigste Zeremonie der Prärievölker und wurde später auch von anderen Stämmen übernommen. Sie feiert die Erneuerung des Lebens.

5 Das *American Indian Movement/ AIM* wurde 1968 in Minneapolis/St. Paul als Stadtteilpatrouille gegründet und entwickelte sich zur wichtigsten Organisation des indianischen Widerstands. Nach der Besetzung von Wounded Knee, die von AIM-Aktivisten und ortsansässigen Lakota durchgeführt wurde, faßte AIM auch auf den Reservationen Fuß. Mit dem Erstarken des Selbstbewußtseins der einzelnen indianischen Nationen ist die organisatorische Rolle von AIM in den Hintergrund getreten.

6 Die »Weiße Büffelkalb-Frau« wurde, so die ursprüngliche Version dieser Geschichte, von dem Büffelvolk zu den Lakota geschickt und verwandelte sich nach ihrem Abschied von den Lakota wieder in ein Büffelkalb – daher ihr Name.

7 *Haudenosaunee*, »Menschen des Langhauses«, nennen sich die Sechs Nationen der Irokesen-Föderation. Das »Langhaus« ist die traditionelle Hausform der Irokesen; heute hat jede Gemeinde der Föderation ein Langhaus als Gemeinschaftsgebäude. Der Begriff steht so für die traditionelle Regierungsform und Religion.

8 Stammesrat: 1934 wurde mit dem *Indian Reorganization Act* der Versuch unternommen, die traditionellen Regierungen durch eine »parlamentarische Demokratie« nach US-amerikanischem Muster zu ersetzen. Die so gewählten oder eingesetzten Stammesräte repräsentieren nicht die Gesamtheit und oft nicht einmal die Mehrheit der jeweiligen Nation, und allzuoft erwiesen sie sich als willfährige Instrumente des Ausverkaufs von Indianerland. Der 1973 auf der Pine Ridge Reservation herrschende Stammesrat war besonders korrupt und despotisch, u. a. beschäftigte er eine illegale – und brutale – Privatpolizei.

9 Der Anspruch der Lakota auf die Black Hills ist auch rechtlich unbestreitbar: Der *Fort-Laramie*-Vertrag von 1868, in dem ihnen die Black Hills zugesprochen wurden, wurde zwar oft gebrochen, aber nie annulliert – was auch die US-Regierung mit ihrem Angebot einer Entschädigungszahlung anerkennt. Doch die Lakota wollen kein Geld, sondern ihr Land zurück: Seit über 20 Jahren kämpfen sie gerichtlich und mit Aktionen – z. B. einem Camp in den Black Hills, das 10 Jahre lang bestand und von Unterstützern aus allen Teilen der USA und anderen Ländern besucht wurde – für die Rückgabe der Black Hills.

10 *Midewiwin*, »Gesellschaft der Gutherzigen«, ist die Medizingesellschaft der Ojibway/Anishinabe, eine der ältesten und die wichtigste der O.-Gesellschaften. Die »vierte Stufe« ist die Vollmitgliedschaft, was eingehendes Wissen über Ursprünge, Rituale und Gesänge der Gesellschaft voraussetzt.

11 Die Onondaga haben ihren Status als souveräne Nation gegenüber den Vereinigten Staaten immer behaupten können: Vertreter von US-Regierung und -verwaltung, das FBI miteingeschlossen, dürfen auf Onondaga-Land nur mit Genehmigung der traditionellen Regierung tätig werden. Ausdruck der Souveränität ist auch der Haudenosaunee-Paß, mit dem Vertreter der Sechs Nationen auf dem Weg zu internationalen Treffen die Grenzen vieler Länder mehr oder minder unbeanstandet überschritten haben (siehe Foto S. 66).

12 Ein *Powwow* ist ein Tanzfest, bei dem die Teilnehmer/innen meist farbenprächtige Trachten tragen; oft wird es als »Wettbewerb« mehrerer Stämme veranstaltet.

13 Osceola (1804–38) war der bekannteste Führer des Widerstandskampfes der Seminolen gegen ihre Zwangsumsiedlung nach Oklahoma. Diejenigen von ihnen, die sich in die unwegsamen Sümpfe der Everglades zurückzogen, wurden nie unterworfen.

14 »Im Interesse der Hopi« bezieht sich auf den Hopi-Stammesrat, der jahrelang einen größeren Anteil des gemeinsam mit den Navajo genutzten Landes forderte – der »Hopi-Navajo-Landkonflikt« ist seine Erfindung. Von der Mehrheit der Hopi wird dieser Stammesrat nicht anerkannt. Die meisten seiner Mitglieder sind Mormonen, und seine Geschäftspolitik ist dubios.

15 Das ist nicht symbolisch gemeint: Viele indianische Nationen haben Rituale im Zusammenhang mit der Nabelschnur, die oft aufbewahrt wird. Durch das Vergraben der Nabelschnur wird die Bindung der Kinder an ihr Volk und Land gesichert.

16 Der halluzinogene Peyote-Kaktus *(Lophophora)* findet heute von Mexiko bis in den Mittelwesten der USA zeremonielle Verwendung. Unter dem Druck der Drogengesetzgebung formierten sich die den Peyote-Kult Praktizierenden 1918 zur *Native American Church*, doch erst das *Native American Religious Freedom*-Gesetz von 1978 garantierte die freie Ausübung dieser einzigen panindianischen Religion.

URSULA WOLF

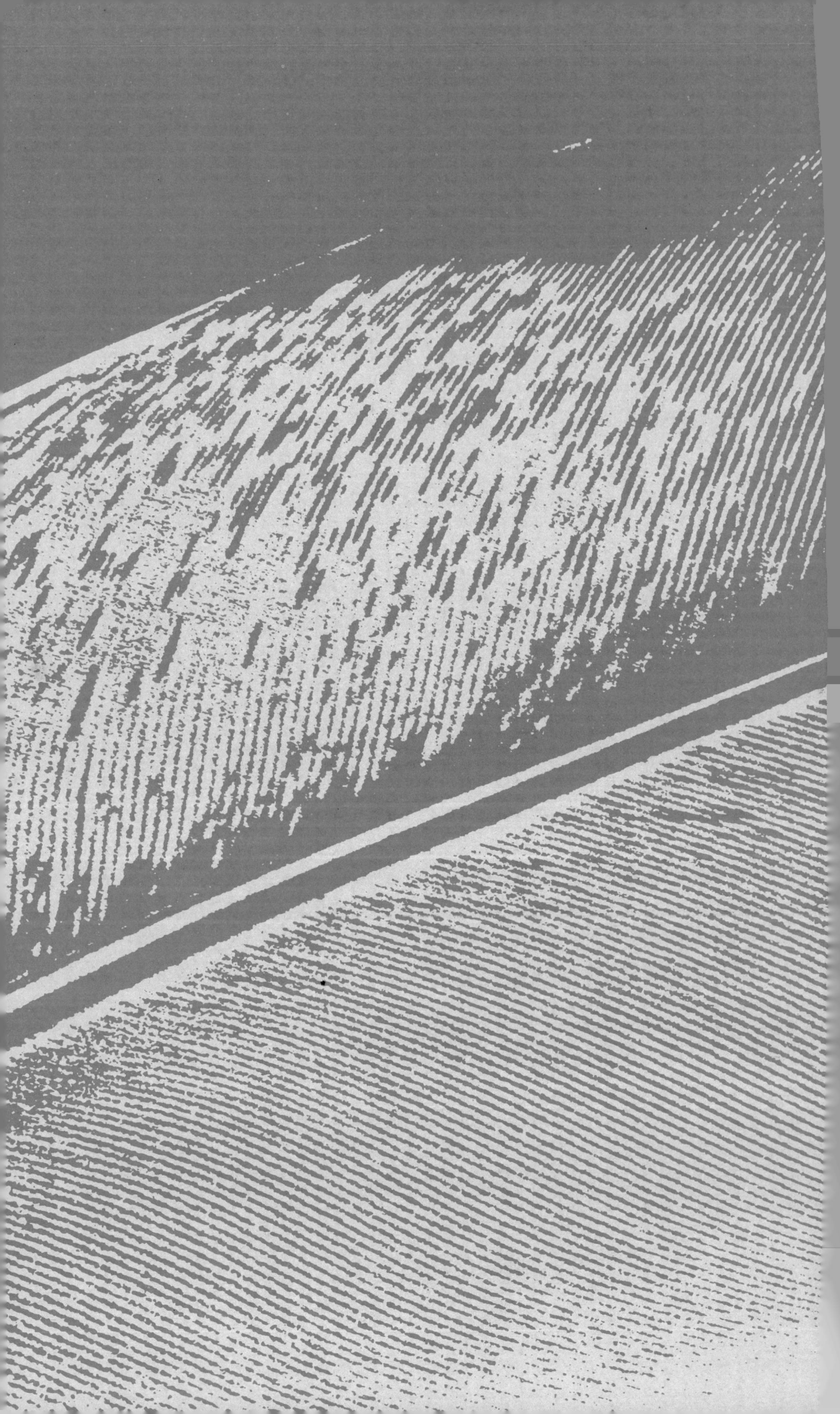